淺田恵真著

善導大師著

『般舟讃』現代語訳

永田文昌堂

はじめに

本書は平成二十八年度、西本願寺の安居《あんご》講本『般舟三昧行道往生讃《はんじゅざんまいぎょうどうおうじょうさん》（般舟讃《はんじゅさん》）講読』（永田文昌堂刊）の中より、付録の現代語訳のみを抽出して作成した。原本の講読本は七百頁に及び、詳細を知りたい場合はそちらを参考にしていただくこととして、手軽に『般舟讃』の内容のみを現代語訳で知りたい方に対して、この抄出本を作成した。

最後の解説にも触れたが、この『般舟讃』は善導大師《ぜんどうだいし》の五部九巻《ごぶくかん》の全体像を把握した上でなければ、その詳細は理解できない。しかし『観無量寿経《かんむりょうじゅきょう》』を中心としての浄土の様相を知るには大変便利な内容を有していると思われる。しかも単に経典《きょうてん》の要約というのでは無く、ここには善導大師の般舟三昧の宗教体験からした浄土の様相が説かれているのに注目したいと思う。大師は三昧発得の人といわれるように三昧境《さんまいきょう》を実体験されたお方である。そこを観経疏《かんぎょうしょ》には

すなはち当夜において西方《さいほう》の空中に、上のごとき諸相《しょそう》の境界《きょうがい》ことごとくみな顕現《けんげん》するを見る。

とあって、極楽を目の当たりにしたことを述べている。しかもその様相を

雑色《ぞうしき》の宝山百重千重なり。種々の光明《こうみょう》、下、地を照らすに、地、金色のごとし。なかに諸

仏・菩薩ましまして、あるいは坐《ざ》し、あるいは立し、あるいは語し、あるいは黙す。あるいは身手を動じ、あるいは住して動ぜざるものあり。すでにこの相を見て、合掌して立ちて観ず。

とまで述べている。この内容と『般舟讃』に説かれる内容とが類同する。

その蓮華《れんげ》上には、無数の往生人《おうじょうにん》がいる。［無量楽《むりょうらく》］

その往生人達は、坐ったり、立ったりして、互いをまねき呼び合って、［願往生《がんおうじょう》］

競って香華《こうげ》を取っては、互いを供養《くよう》している。［無量楽］

さらに語り合ったり、笑い合ったりして、身心ともに楽しんでいる。

しかも、これらは『観経《かんぎょう》』に説かれておらず、まさに観見した様相の描写のようである。このように考えれば、また本書を読む姿勢も異なってくると思われる。

もう一点、注意したい事がある。それは本書の中に地獄の様相が説かれる箇所が見当たることである。浄土の世界を説く『般舟讃』に地獄が説かれるのを異様に感じる。もちろん『観無量寿経』にはそのような描写はない。それが本書に説かれるのである。善導大師には他書にも地獄の詳細な描写は認められるが、ただ本書ではその描写の直前に

異学《いがく》・異解《いげ》の諸師の言葉を信じて受けとってはいけない。［願往生］

その内容は「ただ心を清浄《しょうじょう》に勧めれば、全ての国土も清浄となる」というのである［無量楽］

もし、この娑婆《しゃば》世界が諸仏の世界と同じというならば、［願往生］どうして、六道《ろくどう》の世界だけ生死《しょうじ》を繰り返さねばならないのか。［無量楽］との文が付されている。よって「心浄《こころきよ》ければ国土浄《きよ》し」の唯心説《ゆいしんせつ》への批判との関連において、地獄が描写されたとも考えられなくは無い。一度、素直に本書を読んで浄土を考えるよすがとしていただければ幸いである。

平成二十八年八月十五日

浅田　恵真

目次

目次

善導大師著　『般舟讃』現代語訳

『般舟讃《はんじゅさん》』の現代語訳

『観《かん》無量寿経《むりょうじゅきょう》』などに依って、般舟三昧《さんじゅざんまい》を明らかにし、仏道《ぶつどう》を行ずる往生《おうじょう》の讃文　一巻

比丘僧善導《びくそうぜんどう》の撰述《せんじゅつ》

第一章　序王《じょおう》

第一節　綱要《こうよう》

第一項　弘願《ぐがん》の深法《じんぽう》

敬虔《けいけん》な思いでもって、全ての往生を願う人達に申し上げたい。皆は深く慚愧《ざんき》せられたい。釈迦如来《しゃかにょらい》は我ら凡夫《ぼんぶ》に対して、慈悲をそそぐ父母である。よって色々な巧みな方法を設けて、我らに無上の信心《しんじん》を発《おこ》させて下さるのである。

第二項　兼ねて要門を示す

また、このように巧みな方法による教えが一つでない事は、我らのような誤った見解をもつ凡夫一人一人のためになされる教えだからである。もし、よくその如来の教えにしたがって修行しさえすれば、如来がお説きになるその道《どう》その道ごとに、仏を見ることが出来て、浄土に生ずることができるであろう。

第三項　通じて随喜《ずいき》を示す

第一　法に約《やく》す

1　まさしく明かす

もしある人が、善をなす行者を見聞《けんもん》したならば、その人も善でもって助けようと思うであろう。もしある人が、教えにしたがって修行する行者を見聞したならば、その行者を讃歎《さんだん》したいと思うであろう。もしある人が、修行を説く行者の話を聞いたならば、修行によって仏道に随《したが》う思いを懐《いだ》くであろう。もし人が、悟りの内容を説く行者の話を聞いたならば、その人も悟りによって喜ぼうと思うであろう。

2　理由を示す

(1)　勧誡《かんかい》を散説する

どうしてかといえば、仏道を歩む者全てが、諸仏を師とし、真理の法を母として育てられ、養われるからであり、互いに心から親しみが溢れ、決して疎遠にはならないからである。だから他の教えや修行を、軽んじたり、罵ったりしてはいけない。また自らに縁のある教えのみを讃歎するようでもいけない。もし仏道の一部を否定しようものなら、自ら、諸仏に具わる法の眼を破壊することになってしまう。万が一にも、その法眼《ほうげん》を亡くしたならば、悟りに至る正しい道を歩むことが出来なくなってしまう。そうなったならば、浄土への法門に入ることなど出来ない。

(2)　偈《げ》を説いて傷歎《しょうたん》す

このように、傷み歎いて次のように申しあげたい。

衆生は盲目のような存在であり、自ら煩悩のままに人生を歩んでいる。

そのように悪業のままに行動したならば、必ずや地獄に堕ちるであろう。

貪欲《とんよく》や瞋恚《しんに》の火を自分の思いのままに燃やし続けたならば、自らを傷つけるだけでなく、他人をも傷つけてしまう。そしていずれは、長く無明《むみょう》の海に沈んで、再び浮かび上がることなど出来ない。大海に住む盲目の亀が、百年に一度、海上に頭を出したとしても、大海に浮かぶ木に出遇《であ》う事など無いように、仏法に出遇うことは決してない。

第二　人《にん》に約す

1　まさしく明かす

修行者たちよ、総ての凡夫や聖者たちの身の上において、つねに讃歎《さんだん》や信順《しんじゅん》の心を発しなさい。そして是非を論じたり、怨《うら》みを生じるようなことがあってはならない。

2　理由を示す

(1)　上《うえ》を成ず

なぜかといえば、自らの身《しん》・口《く》・意《い》の三業《さんごう》によって造られる悪業《あくごう》を防がねばならないからである。もし悪業を起こしたならば、迷いの世界にもう一度帰って来て、生死流転《しょうじるてん》する結果を招き、今日までと変わることがないからである。

(2) 下《した》を起こす

自分や他人の身の上に身・口・意の三業を正しく護り、清浄にするという善業を修したならば、仏国に生じる正因となるからである。

第四項　重ねて要門を明かす

第一　問い

問う。身・口・意の三業が清浄《しょうじょう》であること、これが浄土に生じる正因《しょういん》であるならば、どのような行業《ぎょうごう》を清浄と名づけることが出来るのであろうか。

第二　答え

答える。一切の悪法、すなわち自分自身の悪業《あくごう》や、他人に悪業を起こさせる自らの行為、これら全てを断ち切る事を清浄と名づけるのである。

また、自らの善業や、他人の身・口・意の三業に相応する素晴らしい善事を慶ぶ心を起す事である。それは諸々の仏や菩薩たちが為される随喜《ずいき》のように、自分もまた同じように喜ぶのである。この善根功徳《ぜんこんくどく》を往生の因としてふりむけ、浄土に生じるのである。このことから、清浄な三業《さんごう》の作業《さごう》を正因と名づけるのである。

第五項　結　真実を勧める

また、浄土に往生したいと願うのであれば、必ず自分にも勧め、他人をも勧めて、広く浄土の国土や衆生という依正二報《えしょうにほう》の荘厳を讃嘆しなければならない。

また、浄土に往生する因縁や、迷いの世界の娑婆《しゃば》を離れる始終をも知るべきであろう。

多くの行者たちよ、分かりましたか。

第二節　修行の細目

第一項　問い

また問う。「般舟三昧楽《はんじゅざんまいらく》」にはどのような意味があるのか。

第二項　答え

第一　分離して釈す

答う。梵語（サンスクリット、古代インドの言語）を音写して「般舟」と呼んでいる。中国では、これを「常行道」と意訳している。あるいは七日や九十日の間、絶え間なく歩み続ける行道をいうが、総体的には「三業無間《むけん》」の意味である。これは身・口・意の三業が絶え間ないとの意であって、ここを「般舟」と名づけている。

また、「三昧」というのは、同じく梵語の音写で、中国では「定《じょう》」と意訳している。前に述べた三業無間によって、ついに三昧境に達すれば、仏の境界が現前することを感得できる。まさしくその境界が現われる時、行者の身も心も悦びに満たされるので、これを「楽」と名づけている。

第二　異名

また、この「般舟三昧」は、定に入って諸仏を見ることから「立定見諸仏《りゅうじょうけんしょぶつ》」（定にとどまって諸仏を見る）とも呼ばれる。心得ておきなさい。

第二章　正しく讃ずる

第一節　法の要《かなめ》を顕示《けんじ》する分

第一項　正しく教の区別を明かす

第一　能説《のうせつ》の人

般舟三昧楽［願往生］

三界・六道の迷いの世界は苦であり、たえず生死輪廻《しょうじりんね》を繰り返し、一箇所に留まることはない。［無量楽］

我々は、はかり知れないほどの昔から、この三界《さんがい》・六道《ろくどう》に沈みに沈んでいる。［願往生］

我々が至る先々で、ただ生死輪廻の苦しみの声のみを聞いて来た。［無量楽］

釈迦如来の浄土は、［願往生］
清浄に荘厳された無勝の国土である。［無量楽］
釈迦如来は娑婆世界で苦しむ衆生を救うために教化の身を現わし、［願往生］
人間の姿をした八相を現わして、衆生を済度して下さった。［無量楽］

第二　所説の法

1　漸教《ぜんぎょう》

ある時は、人乗《にんじょう》・天乗《てん》、あるいは声聞《しょうもん》乗・縁覚《えんがく》乗などの法を説き、［願往生］
また、ある時は菩薩《ぼさつ》乗による涅槃《ねはん》の因を説き、［無量楽］
また、ある時は、漸次《ぜんじ》と頓速《とんそく》、空《くう》や有《う》の二種の教えを明らかにして、［願往生］
凡夫が持っている人障《にんしょう》と法《ほう》障との両障害を除くように仕向けて下さった。［無量楽］
これによって利根の者はすべて利益を得て悟ったのである。［願往生］
ところが、鈍根《どんこん》無智の者は悟ることが出来なかった。［無量楽］
『菩薩瓔珞本業経《ぼさつようらくほんごうきょう》』には「漸教」が説かれており、［願往生］

長い時間をかけた修行で得た功徳によってのみ、不退転位《ふたいてんい》に至る者がいるとする。［無量楽］

2　頓教《とんぎょう》

一方、『観無量寿経』や『阿弥陀経』等の説くところは、［願往生］
直ちに悟る事の出来る「頓教の教え」であり、まさに「菩提の蔵」である。［無量楽］
一日あるいは七日間、もっぱら阿弥陀仏の名を称えれば、［願往生］
命が終わったその瞬間に、安楽国に生じる事が出来る。［無量楽］
ひとたび阿弥陀仏の涅槃の国土に入ることができれば、［願往生］
不退転の境地を得て、無生法忍《むしょうぼうにん》を証得《しょうとく》することできる。［無量楽］
長い時間をかけた修行は、実に継続することが難しく、［願往生］
煩悩《ぼんのう》が瞬時において百度や千度も雑《まじ》わってしまう。［無量楽］
もし、この娑婆世界にて無生法忍を証得することを待つのであれば、［願往生］
数え切れないほどの間、六道に輪廻したとしても、その目的を達することは出来ない。［無量楽］
貪欲と瞋恚の根本煩悩こそが、生死輪廻の業因である。［願往生］

その煩悩は、涅槃を得る因となることはない。［無量楽］
このような貪欲と瞋恚による火に焼かれる苦しみを見極めたならば、［願往生］
急いで阿弥陀仏の国土に往生する以外に方法はない。［無量楽］
かつて阿弥陀仏が因位にて、発心《ほっしん》されたその時に、［願往生］
すみやかに王位を捨てて、悟りを求め、［無量楽］
世自在王仏《せじざいおうぶつ》のみもとで剃髪《ていはつ》し、［願往生］
出家して修行なされたその姿を、法蔵菩薩《ほうぞうぼさつ》とお呼びする。［無量楽］
四十八《しじゅうはち》の誓願《せいがん》はここにおいて発された。［願往生］
一つ一つの誓願は衆生のために発起されたもので、［無量楽］
その願成就の極楽は、あらゆる宝で荘厳され、［願往生］
その荘厳浄土の世界は広大で限りなく、［無量楽］
「われ悟り得たらば、浄土の中央に坐し、［願往生］
末の世までを尽くして、衆生を救おう」と。［無量楽］
身より放つ光明は、遍《あまね》く世界を照らし、［願往生］
光のおよぶ隅々まで、みな利益を蒙《こうむ》る。［無量楽］

一つ一つの光明は絶え間なく照らし続け、［願往生］
念仏の往生人を探し求める。［無量楽］
十方諸仏の国と比べても、［願往生］
極楽こそは、その身を安らかにする勝れた御国であるといえよう。［無量楽］

第二項　重ねてその理由を明かす

第一　滅《めつ》を断ずるに約す

1　教主の恩を標す

般舟三昧楽［願往生］
釈迦如来は慈悲深きお方であられる。［無量楽］
この世の根本の師である釈尊は、あらゆる修行をなされて、［願往生］
限りなく永い間、衆生を救って下さっている。［無量楽］
一切の如来が方便を設けられる事は、［願往生］
我らが釈尊も同様である。［無量楽］

2　断滅の異なりを明かす

機根《きこん》に随って説法されるからこそ、総ての人は利益《りやく》を蒙ることが出来る。［願往生］

よって人々は真実の教えを領解して、真実の法門に入ることができる。［無量楽］

このように入り口は様々に異なり、八万四千もの法門があるのは、［願往生］

それぞれの無明と苦果との業因を断ちきるためである。［無量楽］

その煩悩を断ち切る利剣《りけん》こそが、南無阿弥陀仏《なもあみだぶつ》の名号《みょうごう》である。［願往生］

一声称えれば、皆罪が除かれるから。［無量楽］

3　仏の因果を讃歎する

釈迦如来が因位《いんに》の時、［願往生］

すぐさま身命《しんみょう》と財産を捨てて、仏法を求め、［無量楽］

小劫・大劫・長時劫という、とてつもなく長い時間に、［願往生］

諸仏の言葉にしたがって誓願を立てて修行に励まれた。［無量楽］

その様は、ひと思いひと思いの中に、六波羅蜜《ろくはらみつ》を修し、［願往生］
慈《じ》・悲《ひ》・喜《き》・捨《しゃ》の広大な心を起こして、衆生を教化された。［無量楽］
釈迦菩薩は自らの身・口・意の三業において、絶え間なく善業を修し、［願往生］
ついに誓願を成就して、この上も無い最高の悟りを得られ尊者となられた。［無量楽］
無上菩提《ぼだい》の仏果を得た釈迦如来は、［願往生］
その身を百億に分けて、あらゆる衆生を済度されている。［無量楽］
如来は総ての衆生に対して同時に説法されるが、衆生はそれぞれの素質に応じてそれを聞き分け、［願往生］
それぞれの悟りに応じて、ついには真如《しんにょ》に到達する。［無量楽］

第二　時劫《じこう》に約《やく》す

1　随他意《ずいたい》を標す

般舟三昧楽［願往生］
釈迦如来の教えに従いなさい。［無量楽］

仏の教えには多くの法門があり、八万四千にも及ぶのは、［願往生］
まさに衆生の素質能力が多岐に渉るからである。［無量楽］
自らの身を落ち着かせる常住の世界を求めようと願うなら、［願往生］
まず肝要な行業を求めて真実の法門に入らねばならない。［無量楽］

2　修行の時別

「漸教《ぜんぎょう》」は、一つの教え一つの教えごとに、別々の法門を説いている。［願往生］
その教えでは、一万劫もの長時にわたって苦行を行い、涅槃《ねはん》を得ると説く。［無量楽］
一方、命おわる時を限りとして専心に念仏すれば、［願往生］
命絶える時、たちまちに仏が来迎して下さる。［無量楽］
一度の食事をする僅かの間にも煩悩がまじわることがある。［願往生］
ましてや一万劫もの長時間にわたって、貪欲《とんよく》や瞋恚《しんに》などの煩悩を起こさないはずがない［無量楽］
貪欲や瞋恚は人界や天界に生じる路《みち》を障礙《しょうげ》して、［願往生］
地獄《じごく》・餓鬼《がき》・畜生《ちくしょう》・修羅《しゅら》の世界に、その身を置く要因となる。［無量楽］

3　欣求浄土

我々が阿弥陀仏の安養《あんにょう》浄土に到ることを願うならば、［願往生］
念仏と戒行《かいぎょう》でもって、必ず回向しなければならない。［無量楽］
持戒《じかい》し修行して一心に精進したならば、諸仏が讃歎してくださり、［願往生］
命の終わる時に蓮華の台座が自ずから来迎する。［無量楽］
そして、一念の間に阿弥陀仏が説法する会座に入る事が出来て、［願往生］
三界・六道という迷いの世界に二度と沈むことはない。［無量楽］
浄土に生まれれば神通力を自在に操ることが出来る。［願往生］
命が終われば再び退くことがなく、生滅変化《しょうめつへんげ》を超えた常住《じょうじゅう》の境地を証得《しょうとく》できる。［無量楽］
行《ぎょう》・住《じゅう》・坐《ざ》・臥《が》、いつでも仏を見させて頂き、［願往生］
自らの手に香と華《はな》をもって、常に仏に供養させて頂く事ができる。［無量楽］
一念あるいは一時に、自然に浄土の水鳥樹林が妙法を説いているのを聴き、［願往生］
百や千もの数多くの三昧《さんまい》の法門が、自ずから成就できる。［無量楽］
よって、いかなる時でも常に禅定《ぜんじょう》に入ることが出来る。［願往生］

その禅定の中において教えを聞けば、すべて皆悟りを得るのである。［無量楽］
百の宝の荘厳が自らの念によって現われ、［願往生］
極めて長い時間、供養して慈悲のご恩に報謝《ほうしゃ》できる。［無量楽］
無始以来の多くの悪業は仏智《ぶっち》によって滅せられ、［願往生］
無明を転じて真如の門に入ったならば、［無量楽］
大劫・小劫あるいは僧祇恒河沙劫《そうぎごうがしゃこう》という、とてつもなく長い時間ですら、［願往生］
指をはじくほどの短い時間のように感じられる。［無量楽］
このような安穏《あんのん》で快楽《けらく》の世界を心のままに楽しむことができる。［願往生］
更に何を貪《むさぼ》り求めて、浄土に生じようとしないのか。［無量楽］

4　厭離穢土《えんりえど》

たとえ千年もの間、五欲を満足するような享楽を受けたとしても、［願往生］
地獄で受ける苦の原因を増大させるに過ぎない。［無量楽］
そこからは貪欲《とんよく》や瞋恚《しんに》、そして十悪などが次から次へと起こってくる。［願往生］

これらが解脱《げだつ》や涅槃《ねはん》の原因となることなどは決してない。［無量楽］
地獄・餓鬼・畜生の三悪道《さんなくどう》を恐れずに多くの悪業を作し、［願往生］
仏・法・僧の三宝を破滅して、永く生死流転の世界に沈む。［無量楽］
父や母に孝養《きょうよう》を尽す事なく、親族を罵ったならば、［願往生］
地獄にその身を置くこととなって、抜け出る機会などはやって来ない。［無量楽］
このように凡夫《ぼんぶ》は、量りしれない程の昔から苦海に沈み、［願往生］
西方浄土に往生する肝心の教えなど、今までにも聞いたことがない。［無量楽］
人間の身に生まれたものの、煩悩など多くの障害があって、［願往生］
仏の教化を受けることなく、却《かえ》って仏法に疑いすら抱いて来た。［無量楽］
そのような衆生を視《み》そなわし、六方浄土にましますす如来達は慈悲極まり、いたたまれず、［願往生］
心を同じくして、衆生を西方に往生させようと図らって下さる。［無量楽］

5　難化《なんけ》の機を誡《いまし》める

悟りの障げとなる、長年に亘る病いや遠出したことなど気にも留めない人、［願往生］

また、念仏が悟りに至る方法ではないという人、［無量楽］
このような人は、如来も教化することが難しい。［願往生］
凡夫は常に無明《むみょう》煩悩《ぼんのう》に繋がれていて、惰眠《だみん》を貪《むさぼ》っている。［無量楽］

第二節　荘厳を讃歎する分

第一項　略して讃歎する

第一　経典に依る

衆生は早くそれに気づいて、ただ『阿弥陀経《あみだきょう》』・『観無量寿経』の教えに学ばねばならない。［願往生］
これらの経典の一言一句に西方浄土往生の様相が説かれているからである。［無量楽］

第二　徳を報ずる

1　極楽の地下

(1)　所依の荘厳

極楽の地下には、宝の柱が無数億も建っている。[願往生]
しかも、その柱は八角柱の形をしていて、総て光輝いている。[無量楽]
柱を荘厳する万億個の宝と珠は、互いに互いを映し合い、[願往生]
その各々は類《たぐ》い希《まれ》なさまを現わしている。[無量楽]
地下の宝柱の輝きは、地上にある衆宝で荘厳された大地を照らし、[願往生]
その妙色は、百千の大陽の光よりも優れている。[無量楽]

(2)　能依の受楽

また、往生人自らの身体からは紫金色の光明が発せられ、[願往生]
足は宝地を踏んでゆったりと進む。[無量楽]
この無生常住《むしょうじょうじゅう》の宝国の地に往生することを得るは、[願往生]
これみな阿弥陀仏の願力《がんりき》の恩徳によるものである。[無量楽]
ここでは、何時いかなる時でも妙法を聴くことができ、[願往生]
お陰で、煩悩や罪障等などは起こることさえ無い。[無量楽]

浄土では菩薩は善知識であると共に、往生人《おうじょうにん》と同学であって、［願往生］
往生人の手を携えて、率いて七宝《しっぽう》の講堂へと招き入れて下さる。［無量楽］
一念一念の中に仏法の楽しみを受け、［願往生］
たちどころに百千の法門を悟得《ごとく》する。［無量楽］

(3) 殷勤《いんごん》に浄土に帰依《きえ》するを勧《すす》める

大衆たちよ。心を同じくして、この娑婆世界を厭《いと》いなさい。［願往生］
仏の願力に乗せて頂いたならば、阿弥陀仏を拝見させて頂くことが出来る。［無量楽］
すぐさま、これまでの迷界を思い量ったならば、心の底から痛ましいと感じるであろう。［願往生］
量りしれないほどの長い時間を、いたずらに過ごしてきたことに、むなしさと疲労を感ずる。
［無量楽］
だからこそ、いま自身が浄土の教えを聞かせて頂く事を喜びたい。［願往生］
身命を惜まず、西方浄土に往生しよう。［無量楽］
西方浄土は快楽常住《けらくじょうじゅう》の涅槃処《ねはんしょ》である。［願往生］

到底、天界や人界とは比較できるものではない。[無量楽]
第六天《だいろくてん》が人界より億万倍勝れていようとも、[願往生]
西方浄土の人の一相にも及ばない。[無量楽]
浄土に往生する人には三十二相《さんじゅうにそう》が具わり、神通力《じんづうりき》も自在に操る。[願往生]
その往生人の身から放たれる光明《こうみょう》は遍く十方世界《じっぽうせかい》を照らし出す。[無量楽]

2　宝樹荘厳《ほうじゅしょうごん》

(1)　用うるところ希奇なり

人界《にんかい》の帝王が享受する音楽から、第六天に至るまでに味わう音楽すら、[願往生]
西方浄土のそれと比べれば、浄土の音楽の勝れていること億万倍である。[無量楽]
浄土の宝林の枝が互いに触れて奏でる音楽も、[願往生]
第六天のそれと比べれば、第六天の音楽は、その一にも及ばない。[無量楽]
一日六回、時に従って供養の香風が起こり、[願往生]
その香風が樹に触れた時、華が飛んで宝池に落ちる。[無量楽]

宝樹より散ったその華は、浄土の宝池の八功徳水《はっくどくすい》の上に浮かぶ。［願往生］

(2) 能く用うるもの自在なり

その華を、往生人の童子《どうじ》はつかみとって船とする。［無量楽］
往生人はその船に乗って、直ちに蓮華の会座に入る。［願往生］
化仏や菩薩はその往生人に衣を用意して着させる。［無量楽］
往生人は、それぞれの香華を執って阿弥陀仏の御前に立ち、［願往生］
身を正して粛々と、遙に香華を散らせたならば、その香華は雲に変わる。［無量楽］
その宝の雲は、天蓋《てんがい》となって浄土を荘厳する。［願往生］
また、浄土では宝樹にみのる宝の果実を食べさせてくれる。［無量楽］
昔、往生浄土を勧める善知識に遇《あ》って、［願往生］
西方浄土の阿弥陀仏の御名を聞くことが出来た。［無量楽］
今、その阿弥陀仏の誓願の力によって浄土に来させて頂き、阿弥陀仏や同縁の者達ともお遇いさせて頂く事が出来た。［願往生］

だから、常にこの浄土にとどまって、再び穢土《えど》に還ることをしない。［無量楽］

(3)　能く用いるもの平等なり

同じく浄土に生まれた仲間とともに、樹林に入って辺りをみわたせば、［願往生］

自らの足下から輝く光は、太陽や月の光など及ぶものではない。［無量楽］

浄土では、菩薩たちの集う法会《ほうえ》は尽きることがない。［願往生］

それぞれの身体から放たれる光は互いに互いを照らし合っている。［無量楽］

また新たに往生した者も紫金色《しこんじき》の輝きを放っている。［願往生］

その輝きは、多くの旧住《くじゅう》の大衆たちと異なってはいない。［無量楽］

3　宝楼の荘厳

または、宝の楼閣《ろうかく》に入っては、聖衆《しょうじゅ》たちと一緒に座る。［願往生］

そこに集う大衆たちは、往生人を見て全員、歓びに溢れる。［無量楽］

浄土を飾っている様々な荘厳は、人知を超えて不可思議であり、［願往生］
宝楼《ほうろう》の内外の様相を、何の障害もなく見ることができる。［無量楽］
足を休めるたび、一足一足に、たちまち法楽《ほうらく》を受ける。［願往生］
三昧に入って、無生法忍《むしょうぼうにん》を自然に悟ることができる。［無量楽］

4　地上の荘厳

浄土の大地の上は多くの宝によって荘厳され、［願往生］
百千万ものさまざまな色が互いに混じり合い、［無量楽］
あらゆる所は聖衆たちが座る宝座や華台《けだい》によって埋め尽くされている。［願往生］
心のままに自らが座る華座を受け入れれば、光がやって来て自らを照らし出してくれる。［無量楽］

5　宝池《ほうち》の荘厳

百千の童子や菩薩衆が、［願往生］

それぞれ香華を捧げて池に向かって眺めれば、［無量楽］
坐っている者、立っている者、あるいは浄土の池や溝の岸辺にいる者、［願往生］
階段を下って宝池に入る者たちがいる。［無量楽］
また、砂の上に立っている者や膝まで池につかっている者、［願往生］
腰や頭を沈めている者、あるいは水を注ぎかけている者もいる。［無量楽］
金の華や百宝の葉を手にとって、［願往生］
岸の上で池を観ている人に与える者など様々で、［無量楽］
その受けとる香華は千万の種類にものぼる。［願往生］
しかも、その香華を阿弥陀仏が説法しておられる大法会の上に向かって散華すると、［無量楽］

6　空裏《くうり》の荘厳

その華は変化して、仏の頭上を覆う蓋《かさ》となって荘厳する。［願往生］
自然に生じた音楽が千重にも大会をめぐり、［無量楽］
宝鳥《ほうちょう》が声を連ねて天の音楽を奏でる。［願往生］

このような浄土の瑞相《ずいそう》を見る者すべてが、衆生救済の慈悲心を起こす。［無量楽］
私が今この浄土に来ることが出来たのは、阿弥陀仏の誓願の力によるものである。［願往生］
昔、同じ縁に遇った友、同じ道を行じた友たちよ。早く浄土にやってきなさい。［無量楽］
普く願うところは、閻浮提《えんぶだい》の人たちよ、［願往生］
同じ道を歩む者たち同士、互いに励まし合って、決して挫折してはいけない。［無量楽］

7　勧を結ぶ

専ら『阿弥陀経』・『観無量寿経』などを読誦し、［願往生］
阿弥陀仏を礼拝し、お相《すがた》を観察して、その功徳を必ず回向すべきである。［無量楽］
あらゆる時においてこの行を続け、［願往生］
死に至るまでを一つの期限として、ただ、ひたすらに勤める。［無量楽］
一旦、阿弥陀仏の安養国《あんにょうこく》に到ることができたならば、［願往生］
ついには何の執著《しゅうじゃく》もなくなり、そのままで涅槃を得ることができる。［無量楽］
浄土では涅槃のすばらしい荘厳が辺り一面に満ちており、［願往生］

その妙境《みょうきょう》の荘厳を見たり、浄土の香りをかぐ事が出来れば、罪障はすべて除かれる。［無量楽］
神通力にて空中を飛び周る不思議を現し、［願往生］
人知の及ばない浄土のすばらしい様相を褒め讃える。［無量楽］
また、華や香りを散らして阿弥陀仏を供養し、［願往生］
釈迦・弥陀二尊の慈恩《じおん》に対して、報謝《ほうしゃ》する心は尽きることがない。［無量楽］
もし釈迦如来の力によらなければ、［願往生］
どうして阿弥陀仏の浄土の教えを聴くことができただろうか。［無量楽］
衆生の障りが尽きたならば、それを聞いた者は、皆、歓喜の心を生じる。［願往生］
だから、すみやかに諸悪を断って、往生を願い求めなさい。［無量楽］

第二項　広く讃歎する

第一　依報《えほう》

1　通依《つうえ》

(1)　方処

ア　正しく西方を讃す

(ア)　因に約して方を指す

般舟三昧楽〔願往生〕
今生に、仏の教えに随うという誓願を起こして、〔無量楽〕
行《ぎょう》・住《じゅう》・坐《ざ》・臥《が》、いつでもひたすら念仏し、〔願往生〕
一切の善業を以て、総て往生に回向すべきである。〔無量楽〕
ひと思いひと思いの中において、常に懺悔《さんげ》したならば、〔願往生〕
命終わる時に、観音菩薩《かんのんぼさつ》が持つ金剛《こんごう》の台《うてな》に乗せて頂き、往生させて頂ける。〔無量楽〕
いつでも西の方を望んでは礼拝《らいはい》し、〔願往生〕
凡夫の心と、阿弥陀仏の心とが相い向かうことを知らしめなさい。〔無量楽〕
釈尊は、衆生の心が乱れる事を知っておられるので、〔願往生〕
ひとえに他のことを考えず、心を西方一つに留めよ、と教えて下さる。〔無量楽〕
衆生には阿弥陀仏の浄土の遠い近いが分からないので、〔願往生〕
釈尊は「阿弥陀仏の浄土は西方十万億土を過ぎたところにある」と説いて下さる。〔無量楽〕
西方浄土への道程が遙かであっても、歩いて到るのではなく、〔願往生〕

金剛の台《うてな》に乗せて頂くからこそ、指をはじくほどの短い時間で、浄土の宝池に入る事が出来る。［無量楽］

浄土往生を疑ってはならないのに、これを疑う衆生のいる事が嘆《なげ》かわしい。［願往生］

娑婆で、浄土の阿弥陀仏と向かい合い、凡夫の心と如来の心とが離れていないことを知りなさい。［無量楽］

阿弥陀仏が救いとって下さるか否かを論じてはいけない。［願往生］

心を専らにして、善根を浄土に回向するか否かにかかっている。［無量楽］

ただ回心《えしん》して、心を定めて浄土に向かうならば、［願往生］

臨終において、華で飾られた台《うてな》が自ずから来迎下さる。［無量楽］

(イ)　果に約して利益《りやく》を述べる

A　自土を愛楽《あいぎょう》す

阿弥陀仏に従って、華台《けだい》に載せて頂いて極楽浄土に入ったならば、［願往生］

浄土の多くの大衆にまみえる事が出来、しかも悟りを得る事が出来る。［無量楽］

浄土の一つ一つの宝楼の荘厳が心のままに入ってくる。［願往生］
その内外のすばらしさは人知を遙かに超えている。［無量楽］
鳥がさえずれば、菩薩が舞う。［願往生］
浄土に居す童子も歓喜して、不思議な力を駆使する。［無量楽］
この娑婆世界から浄土に生まれる者のために、［願往生］
様々に供養して歓ばせて下さる。［無量楽］
仏は浄土に生まれた人を率いて、これらの様相を観せて下さるに、［願往生］
至る所、ただ不思議なことばかりである。［無量楽］
地上や虚空《こくう》には聖者《しょうじゃ》たちが満ち溢れ、［願往生］
珠の網や宝の網の飾りものが、自ずと浄土を覆っている。［無量楽］
微風が吹いて木々を動かし、妙なる響きを奏でている。［願往生］
その音声は、みな悟りの法を説いている。［無量楽］
樹木を見、あるいは波の音を聞いて、悟りに入る。［願往生］
既に往生した童子《どうじ》は、華を持って如来の周りを巡って讃歎する。［無量楽］
そして、阿弥陀仏のそばに立っては、説法を聴き、［願往生］

その教えに浸って法を慶び、長い時間が過ぎていく。〔無量楽〕

B　他方を快遊す

極楽浄土の諸菩薩につきしたがって他の浄土を経巡れば、〔願往生〕
すべてが皆、悟りの涅槃の世界である。〔無量楽〕
一つの仏国土《ぶっこくど》で、皆が法を聴く。〔願往生〕
他方の仏国土をめぐり訪れては、皆が供養する。〔無量楽〕
その仏国土に留まろうと願えば、千劫もの無限の時間が過ぎたとしても、わずか一度の食事をする程の時間にしか感じない。〔願往生〕
その時、娑婆世界の念仏行者のことを想う。〔無量楽〕
大地を微塵《みじん》に砕けば数限りなく飛び散るが、それでもなおその数には限りがある。〔願往生〕
しかし、十方の仏国土は、その数をきわめ尽すことができないほどに多い。〔無量楽〕
しかも、一つ一つの仏国土の荘厳はみな厳かに飾られている。〔願往生〕
極楽と同様であって、特に違ったところはない。〔無量楽〕

一切の如来はその荘厳をご覧になって歓喜される。［願往生］

このように菩薩や聖者達が、他方の仏国土へ案内下さって、遊歴し、それらの荘厳を見せて下さる。［無量楽］

あらゆる荘厳は極楽と同様である。［願往生］

変化《へんげ》したり神通力《じんづうりき》を駆使するのも、一切さまたげがなく極楽と同じである。［無量楽］

浄土の地上や虚空《こくう》に、如来の声が満ち渡っている。［願往生］

その響きを聴き、その音《こえ》を聞いて、みな悟りを得る。［無量楽］

イ　兼ねて能入《のうにゅう》の因を明かす

㈠　権実《ごんじつ》の二つの因

般舟三昧楽［願往生］

念仏を相続して釈尊の師恩に報いなさい。［無量楽］

財を喜捨して布施の功徳を造るのも良いが、［願往生］

戒律を守って三毒《さんどく》の根本煩悩を断じ尽くすには及ばない。［無量楽］

全ての衆生を敬って、常に念仏して、〔願往生〕
自分や他人の功徳を合わせて、浄土へとふり向けなさい。〔無量楽〕
三心《さんしん》を具して三昧に住し、安楽世界に生まれたならば、〔願往生〕
その人こそ、三界を超越《ちょうおつ》して迷いの世界を抜け出たといえよう。〔無量楽〕

(イ)　その勝果を明かす

命の終わる時に、阿弥陀仏の蓮華の台座が来るのを見て、〔願往生〕
わずかの間に極楽国の宝池の会座《えざ》に入ることができる。〔無量楽〕
すると、その会座にいる多くの人々はみな共に喜んで下さる。〔願往生〕
そして、新たに往生した者に、既に往生した人々から天衣《てんね》が与えられ、思いのままに着せて頂ける。〔無量楽〕
その上で、菩薩と声聞たちが、新たに往生した者を、阿弥陀仏の御許に連れて行って下さり、仏に遇わせて頂ける。〔願往生〕
阿弥陀仏にわずか一度礼拝《らいはい》させて頂くだけで、悟りを得る事が出来る。〔無量楽〕

その時、阿弥陀仏は多くの弟子たちに、次のように問いかけられる。［願往生］

「この極楽世界は今までいた三界の世と較《くら》べてどうであるか」と。［無量楽］

新たに浄土に生まれた者たちは、皆その問いに応えようとするものの、［願往生］

手を合わせながら泣き濡れて、言葉にはならない。［無量楽］

娑婆世界で受けた長い生死輪廻《しょうじりんね》の苦しみを、やっと免れることが出来、［願往生］

今日、阿弥陀仏にまみえる事が出来たのは、誠に釈迦如来のご恩によるものである。［無量楽］

ウ　浄穢《じょうえ》の対明《たいみょう》

(ア)　浄土を欣《ねが》い、穢土《えど》を厭離《えんり》す

般舟三昧楽［願往生］

釈迦如来のお言葉に素直に従ったならば、この目で阿弥陀仏を拝む事が出来る。［無量楽］

よって、総ての往生を願う者たちに勧めたい。［願往生］

往生の志を持つ同行の者達は、互いに親しみ合い、互いに離れないようにしなくてはならない。

［無量楽］

たとえ父母や妻子が百千万人いたとしても、［願往生］

それは悟りに至る増上縁《ぞうじょうえん》にはならない。［無量楽］

それどころか、父母や妻子は、絶えず心に纏《まと》わり付いて、三悪道《さんなくどう》に堕ちる縁となる。［願往生］

悪業の果報によって六道を経巡り、様々な身となりながら、たとえ過去に縁のあった人と出遇ったところで、お互い知ることは無い。［無量楽］

私たちは、猪や羊などの畜生の世界に共にいたかもしれない。［願往生］

畜生界などに生じる輪廻《りんね》転生《てんしょう》は、いつ終わるのであろうか。［無量楽］

慶ばしいことに、我々は受けがたい人身《にんじん》を受け、遇いがたい仏法の教えに出遇えば、［願往生］

たちまちに、六道輪廻の世界を捨てて、極楽世界に帰入《きにゅう》することが出来るのである。［無量楽］

⑷　浄土を欣《ねが》う理由を明かす

阿弥陀仏の父と往生人の子とが、互いに見《まみ》えるという喜びは、単に尋常の喜びではない。［願往生］

菩薩や声聞たちと見《まみ》えるのも、また同じである。［無量楽］

菩薩達は、往生人を連れて、ともに極楽を歩きまわり、樹林に入って浄土の様子を見せ、［願往生］

あるいは蓮華の台座に坐らせて下さったり、あるいは高殿に登らせて下さる。［無量楽］
そこから、阿弥陀仏の七宝《しっぽう》で出来た極楽の世界を見渡せば、［願往生］
地上や空中には、それぞれから出される輝く光でもって、互いに照らし合っているのがわかる。
［無量楽］
往生人は神通力《じんづうりき》を使って、他方の仏の世界を遍歴し、［願往生］
それぞれに設けられた数限りない説法の会座《えざ》を聴聞《ちょうもん》し供養する。［無量楽］
往生人の機根に従って、その一つ一つの大会《だいえ》に入れて頂いても、［願往生］
どの会座も、それぞれ同じ一味の法を聞かせて頂くばかりである。［無量楽］
そこでは行《ぎょう》・住《じゅう》・坐《ざ》・臥《が》、いかなる姿をしていようとも、いつも澄み切った境地にいることが出来る。［願往生］
そのような精神統一の境地のままに、神通力を自在に使い、［無量楽］
それぞれの神通力によって、様々な仏の説法の会座を経巡り、［願往生］
各々の会座において、仏法を聴聞し悟りを得る事が出来る。［無量楽］

(2)　宝楼《ほうろう》

ア　正しく宝楼を明かす

般舟三昧楽［願往生］

極楽は往生人の身を安らかにさせるに、実にすぐれている。［無量楽］

浄土の地上を荘厳する金色の楼閣《ろうかく》や、宝玉で彩られた柱、それに瑠璃で出来た大堂、［願往生］

真珠の宝閣は百千にも列なっている。［無量楽］

いくえにも重なる飾り網、それに付いている宝玉の光が互いを照らし合い、映し合っている。［願往生］

宝の縄が交わって、すずと飾り玉を垂らしている。［無量楽］

昼夜に香風が起こり、その時々に羅網《らもう》と触れれば、［願往生］

その鳴り響く音声は、すべて仏・法・僧の三宝の名を称《とな》えている。［無量楽］

極楽の衆生は、内心を照らす働きがするどく、［願往生］

一つの法門を聞けば、百千の法門を一度に悟ることが出来る。［無量楽］

イ　兼ねて能居《のうこ》を示す

㈠　安身《あんしん》自在

般舟三昧楽［願往生］

どのような処にいても、身を落ち着かせることの出来るのは、極楽が最高である。［無量楽］

たくさんの童子とともに空中に遊んで戯れる事も出来る。［願往生］

手では香華を散じて、心では阿弥陀仏を供養する。［無量楽］

往生人の身相の光と、身を飾る瓔珞《ようらく》とが互いに照らし合う。［願往生］

一切の極楽の荘厳から放たれる光も、また互いに照らし合っている。［無量楽］

あるいは、往生人が楽器を奏でて仏を供養する。［願往生］

そこで化仏《けぶつ》は慈悲をもって、はるかに記別《きべつ》を授けられる。［無量楽］

同じく浄土に往生した者は百千万人もいる。［願往生］

その者たちは蓮華に乗って直ちに空中の説法の会座に入る。［無量楽］

それぞれの会座は別々で、無億数もある。［願往生］

あちらこちらの会座を聴き回り、一つ一つ過ぎ去ったとしても、同味の法を説いているので障りとなることはない。［無量楽］

極楽の会座では、いついかなる時でも教法が説かれている。［願往生］
その教えを見聞して歓喜すれば、罪はすべて除かれる。［無量楽］

(イ)　身心に楽を受ける

阿弥陀仏と聖衆《しょうじゅ》の身は金色に輝いている。［願往生］
そして仏と聖衆達の光と光とが互いに照らし合えば、互いの心がわかる。［無量楽］
阿弥陀仏の相好《そうごう》と浄土の荘厳とも異なるところがない。［願往生］
みなそれは阿弥陀仏の本願力《ほんがんりき》によって成就された荘厳によるからである。［無量楽］
浄土では、地上にも虚空にも往生人が満ち溢れている。［願往生］
しかも神通は自由自在に変現することを、往生人には自ずと分かる。［無量楽］
それは、華でかざられた楼閣の上に、宝のような雲が空を覆ったり、［願往生］
阿弥陀仏によって化現《けげん》された鳥が、声を連ねて法音を奏でたり、［無量楽］
法音が巡り巡って、雲のように合わさったりする。［願往生］
この法音を聞いて、かの国の人や天たちは悟りに入る事が出来る。［無量楽］

往生人は、永い永い間をかけて、［願往生］
仏法の楽しみのみを受け、人知では計り知れない不思議さを味わう。［無量楽］

(3) 宝池

ア 能《よ》く受用《じゅゆう》するを明かす

般舟三昧楽［願往生］
このような荘厳が施された極楽への入り口は、全て開放されている。［無量楽］
広く願うならば、有縁の念仏者たちよ、［願往生］
心を専らにして、ただちに浄土に入ることを、疑ってはいけない。［無量楽］
ひとたび、阿弥陀仏の極楽に到ったならば、［願往生］
もともと浄土は、我が父阿弥陀仏の家であったと知り得よう。［無量楽］
この世での兄弟の因縁《いんねん》が、浄土では共に羅漢《らかん》の友となり、［願往生］
菩薩の仲間たちは、浄土へ導く善知識となる。［無量楽］
歩いていても、座わっていても、みな仏法を聴き、［願往生］

向こうへ行こうが、こちらに来ようが、一切障碍《しょうげ》が無い。〔無量楽〕

イ　正しく徳水を嘆ず

あるいは宝池に入って頭の頂から水を注ごうとも、〔願往生〕
あるいは池のほとりの乾いた宝石の砂地の中にいて身を乾かしていようとも、仏法を聴くことが出来る。〔無量楽〕
水を打てば、さざ波が起こって妙なる音が出る。〔願往生〕
その音の中から、もっぱら慈悲の御法《みのり》が説かれている。〔無量楽〕
浄土の宝池の八功徳水は清らかに澄んでおり、はるか千万里までも続いている。〔願往生〕
宝の砂は透き通って、深い底まで照らし出す。〔無量楽〕

ウ　兼ねて荘厳を明かす

宝池の四方の岸辺の荘厳は、七宝《しっぽう》から出来ている。〔願往生〕

宝池の底に敷かれた黄金の砂には百千の色がある。［無量楽］
その色その色は様々で、光を放ち、輝き照らしている。［願往生］
宝樹から飛んできた華が、水中に落ちて浮かんでいる。［無量楽］
宝樹の木々の枝は垂れて、あたかも宝石のとばりのようである。［願往生］
池の周囲は三十万由旬もある。［無量楽］
また宝樹の木々の根や茎、あるいは枝や葉も七宝から出来ており、［願往生］
その一々の宝から、無数の光が放たれている。［無量楽］
かすかに風が吹いた時、その宝が互いに触れあって奏でられる音楽。［願往生］
それは、第六欲天の音楽ですら、比べる事ができないほどの妙音《みょうおん》で、［無量楽］
化仏や菩薩や無量の大衆たちは、［願往生］
それぞれの樹の下で、阿弥陀仏の真実の声なるその妙音を聴いている。［無量楽］

(4)　宝地

ア　先に地徳を明かす

(ア)　正しく土徳を讃ず

般舟三昧楽［願往生］
ひとたび浄土に往生すれば、退くことなく悟りに至る。［無量楽］
大地はどこまでも平らかで、多くの宝で出来ている。［願往生］
その一々の宝からは、百千の光が出されており、［無量楽］
その一々の光が、七宝の台座となり、［願往生］
それが変化して百千億の楼閣となる。［無量楽］

(イ)　能依《のうえ》に寄せて明かす

無数の、仮に姿を現した天の童子達、［願往生］
彼らは総て念仏往生の人達である。［無量楽］
また、往生人は宝座に登って楼閣の中で楽しみ戯れ、［願往生］
法楽《ほうらく》によって飢えや渇きを感じることなく、常に心安らかに落ち着いている。［無量楽］
また、光明《こうみょう》に輝く百宝で飾られた宮殿に入り、［願往生］
大いなる説法の会座に出遇って、阿弥陀仏を讃嘆させて頂く。［無量楽］

あるいは、次のようにいうであろう。「今から仏果を得るまでの〔願往生〕
きわめて永い期間、仏を讃嘆して、慈悲のご恩に報いたい」と。〔無量楽〕
阿弥陀仏の広大な誓願の力を蒙ることがなければ、〔願往生〕
いったい何時、何劫を経れば、娑婆世界を脱することができたであろうや。〔無量楽〕
阿弥陀仏の浄土に到った時より今日まで、常に法を楽しんでいる。〔願往生〕
しかも、ここではついに十悪の名すら、聞いたことがない。〔無量楽〕
眼では如来の姿を見、耳ではその教えを聴き、〔願往生〕
そして、身体は常に仏に随っている。これらを喜べば喜ぶほど、娑婆での自分の姿が悲しまれる。
〔無量楽〕
どうして今日、極楽浄土に到ることを目指せたのか。〔願往生〕
それはまさに、娑婆世界の本師、釈迦如来の力以外、何ものでも無い。〔無量楽〕
もし、善知識である本師の勧めが無かったならば、〔願往生〕
阿弥陀仏の浄土にどうして往生することができたであろうや。〔無量楽〕

イ　総じて正業《しょうごう》を明かす

(ア)　初めに如実行《にょじつぎょう》を勧める

般舟三昧楽〔願往生〕
極楽浄土に生じたならば、本師釈迦如来のご恩に報謝しなさい。〔無量楽〕
それは、この教えをひろく有縁《うえん》の在家《ざいけ》・出家《しゅっけ》たちに勧めることである。〔願往生〕
必ず、阿弥陀仏の教えを専心に実践しなさい、と。〔無量楽〕
専心に念仏し、専心に経典を読誦し、浄土の姿を観察し、〔願往生〕
浄土の荘厳を礼拝し、讃嘆して、心を乱してはいけない。〔無量楽〕
行住坐臥いかなる時も、その心を持《たも》ち続けたならば、〔願往生〕
極楽浄土の荘厳が自然《じねん》に目の前に現われるであろう。〔無量楽〕
あるいは浄土の荘厳を想い、あるいは浄土を観察すれば、罪障を取り除くことができる。〔願往生〕
これらのはたらきは、すべて阿弥陀仏の本願力によるものである。〔無量楽〕
如来の力によって三昧を成就することができ、〔願往生〕
三昧の成就によって心眼が開かれる。〔無量楽〕
心眼が開けば、そこはすでに諸仏の悟りの境界であり、その境地は凡夫を遥かに超えている。

［願往生］

その境地に至ったならば、釈迦の恩を喜び、自らの罪障を慙愧《ざんき》すべきである。［無量楽］

このことを、十方の如来が語って証明して下さり、［願往生］

九品《くぼん》の機類すべて、浄土に往くことができると判じておられる。［無量楽］

㈠ 受行の益を述べる

阿弥陀仏の父は、往生人の子を迎えて説法の会座に入らせて下さる。［願往生］

そこで、仏は子に対して六道の苦しみについて問いかけられる。［無量楽］

すると往生人は、「過去世《かこせ》の業に依って得た人・天の果報でありましたが、［願往生］

飢餓に苦しめられたり、身体に瘡《できもの》などを生じる苦しみを味わってきました」と申しあげる。［無量楽］

すると、阿弥陀仏と浄土の大衆たちは、［願往生］

往生人のそのような苦しみを聞いて、みな痛ましく嘆かれる。［無量楽］

その時、阿弥陀仏は、総ての大衆たちに告げられる。［願往生］

「これらは、自らがなした因によって、自らが受けた結果である、決して他人を怨んではならない」と。［無量楽］

ウ　略して涅槃《ねはん》の地体を嘆ず

般舟三昧楽［願往生］
涅槃《ねはん》常住《じょうじゅう》の浄土には、心を悩ませるものは永遠《とわ》に存在しない。［無量楽］
この涅槃の快楽を受ける無為の世界には、［願往生］
貪・瞋の煩悩によって燃えさかる家など、いまだ聞いたことがない。［無量楽］
往生人は、百の宝で出来た華台《けだい》に思いのままに坐り、［願往生］
その法座には、きわめて多くの聖衆達が集まる。［無量楽］
童子たちが如来を供養し、声聞たちは如来を讃歎する。［願往生］
鳥が空を百千回も飛び回って楽《がく》を奏でる。［無量楽］
坐ったり、立ったりするその一瞬一瞬に、［願往生］
過去に行った露塵《つゆちり》ほどの無数の悪業も、全て消え去る。［無量楽］

また、天衣《てんね》を投げかけて宝池の上に覆いかぶせ、[願往生]
その衣の上にさらに宝華や宝香を撒《ま》く。[無量楽]
そこを聖衆が歩いたならば、足が天衣の上を踏む。[願往生]
その時、衣と華が体に触れるだけで、第三禅天《だいさんぜんてん》のような楽しみが得られる。[無量楽]
往生人の内と外とは透き通り、まるで清らかな鏡のようである。[願往生]
外の透き通りとは、煩悩は消え去り、ついに起こることがない事で、[無量楽]
内の透き通りとは、ひと思いひと思いごとに、三昧の境地が深まって、益々清らかな心境が得られることである。[願往生]
このように漏尽通《ろじんづう》で得られる無漏《むろ》の智慧こそ、真実の中でも最も真実なものである。[無量楽]

エ　広く荘厳を讃ず

般舟三昧楽[願往生]
煩悩が永く絶え果てて、再び起こることはない。[無量楽]
また、宝地は瑠璃がちりばめてあったり、[願往生]

また、宝地は紫磨金《しまこん》で出来ていたり、［無量楽］
また、宝地は黄金で出来ていたり、［願往生］
また、宝地には水晶が映えていたり、［無量楽］
また、千もの宝で荘厳してある大地があったり、［願往生］
また、多くの数の宝で出来ていたりする。［無量楽］
しかも、それぞれの光が互いを照らし合っており、［願往生］
十方から来る者は、皆その宝の上を行き交う。［無量楽］

(5)　宝樹荘厳

浄土に来た人は、進むも止《と》まるも留《とど》まるも、心のままに逍遙《しょうよう》を楽しむ。［願往生］
浄土では、公私にわたって、一切の愁いはない。［無量楽］
あるいは百度、あるいは千度も姿を変える神通をなして、［願往生］
総ての説法の会座を供養して聴聞する。［無量楽］
香雲が、千もの宝で出来た蓋《かさ》となり、［願往生］

その雲から、香と華の雨が降り注ぐ。［無量楽］
様々な荘厳が、思いのままに現れて、［願往生］
至る所それぞれで、不可思議を現わしている。［無量楽］
般舟三昧楽［願往生］
この世の命が終われば、ただちに極楽の悟りの会座に入りなさい。［無量楽］
そこには宝で出来た樹や林が、並んで見事に満ち渡っており、［願往生］
一つ一つの林や樹は、ことごとく荘厳されている。［無量楽］
根と根、茎と茎とがあい対し、［願往生］
枝と枝、小枝と小枝とがあい依り、［無量楽］
節と節とが曲がり合い、葉と葉があいならび、［願往生］
華と華とがあい向き合い、果実と果実が当たり合っている。［無量楽］
光、光って自他の国々を照らし出す。［願往生］
その照らす処は透きとおり、物の色に随って、［無量楽］
光は不可思議な物を変現する。［願往生］
これは悉く、阿弥陀如来の願力のみにてなせる技である。［無量楽］

樹々の間には宝の階段があって、［願往生］
一つ一つの階段上には楼閣が建ち並んでいる。［無量楽］
いくえにも重なる網《あみ》の飾りからは、妙なる音楽が奏でられ、［願往生］
楼閣内の無量の人々を供養する。［無量楽］

2　別依

(1)　華座

ア　先に所依を明かす

般舟三昧楽［願往生］
身体がくちはてて命おわる時には、阿弥陀如来の御前に往生させて頂くことを目的とするが良い。
［無量楽］
たちまちに浄土での楽しみを思えば、［願往生］
往生人はすべて平等に、浄土で楽しみを受けることを疑ってはいけない。［無量楽］
浄土は煩悩の汚れの無い金剛によって荘厳された地で、［願往生］

それぞれから放たれた光明《こうみょう》が互いを照らし、あたかも千の大陽が輝やくよりも勝れた明るさである。［無量楽］

この浄土は阿弥陀仏の願力によって作られ、荘厳された地である。［願往生］

イ　正に華座を讃ず

(ア)　本仏

A　座するところは蓮華

一つの蓮華は、諸仏の王である阿弥陀如来が坐られる台座を形作っている。［無量楽］

その蓮華台には八万四千もの花びらが重なり合い、［願往生］

一枚の花びらには百千億もの摩尼珠《まにしゅ》の玉が付いており、［無量楽］

一々の珠玉からは千もの色が輝き出されている。［願往生］

その光が上の虚空《こくう》を照らしたならば、阿弥陀仏の蓋《かさ》に変現し、［無量楽］

華座台には八万もの金剛が布《し》かれて、［願往生］

真珠をつらねた網飾りが、その華台を覆い飾っている。［無量楽］

華台をささえる四柱の宝幢《ほうどう》にかけられている垂れ幕が、交わり、たなびいている。[願往生]

B　能座するは仏身

その中に阿弥陀仏が独り真金の輝きを発し、その功徳の広大さを身をもって顕しておられる。[無量楽]
ひとたび蓮華台に坐された上には微動だにされない。[願往生]
未来永劫を尽くしても、衆生を救済される姿である。[無量楽]
仏は総ての衆生に次のように勧められる。[願往生]
行《ぎょう》・住《じゅう》・坐《ざ》・臥《が》、どのような姿勢をしていても、常に思い続けて心で私を見つめなさい。[無量楽]
阿弥陀仏の身は完全円満であり、どこから眺めても常に正面を向いておられる。[願往生]
よって、十方より来る人はすべて、阿弥陀仏の正面と対峙《たいじ》することになる。[無量楽]
往生人は、共に浄土往生を願って、心を傾けて念じ続けなさい。[願往生]
そうすれば、有縁《うえん》の者の心の前に現れられるであろう。[無量楽]
今生《こんじょう》において、浄土の不思議な荘厳の様相を見ることができるのは、[願往生]

すべて阿弥陀如来の力をいただくからに他ならない。［無量楽］

(イ)　脇士の華座

浄土では、観音菩薩や勢至菩薩《せいしぼさつ》が阿弥陀仏と蓮華台をならべて座っておられる。［願往生］

一々の荘厳は阿弥陀仏が座しておられる華座の荘厳に似ている。［無量楽］

また、蓮台の四方にある宝の柱や宝の幔幕《まんまく》は阿弥陀仏のそれと似ている。［願往生］

さらに、宝珠を連ねた飾り網も、阿弥陀仏のそれと異なりがない。［無量楽］

ウ　前を結び、後を生ず

阿弥陀仏・観音菩薩・勢至菩薩の三尊が座る蓮華台は他の聖衆たちの華座と比べて、はるかに素晴らしい。［願往生］

阿弥陀仏・観音菩薩・勢至菩薩の三尊の御身は大衆に向かい合って坐しておられて最も尊い姿である。［無量楽］

極楽世界や他の世界の菩薩衆は、［願往生］
いつでも阿弥陀三尊をとりかこんで讃歎する。［無量楽］
その会座は、まるで大海のように広く、そこに集まる大衆は塵沙《じんじゃ》のように多い。［願往生］
西方浄土に往生した者は、この大会《だいえ》に入ることが出来る。［無量楽］
それは、口先だけの巧弁《ぎょうべん》でもって往生するのではない。［願往生］
必ず、心を専一にして身を惜しまずに、修行してこその浄土往生である。［無量楽］

⑵　宝池

ア　池岸の荘厳

浄土のいくえにも重なる宝の楼閣は、人間の造り出せるものではない。［願往生］
浄土の大地を支える宝でできた柱や樹林なども、全てそうである。［無量楽］
これらは池の周りの岸辺に満ちており、［願往生］
そよ風がわずかに触れる妙音は、さながら天の音楽が奏でられるようである。［無量楽］
その妙音は阿弥陀仏の教えとして響き、心に染みこんで往生人の毛穴より入る。［願往生］

そうすれば、数え切れない程の多くの三昧の法門が悟れる。［無量楽］

イ　能座の聖衆

(ア)　蓮華に座するに自在

宝池より流れ出るすべての支流は、蓮華で満ち溢れている。［願往生］
それは、開いているものもあれば、閉じているものもある。しかし、その蓮華上には、無数の往生人がいる。［無量楽］
その往生人達は、坐ったり、立ったりして、互いをまねき呼び合って、［願往生］
競って香華を取っては、互いを供養している。［無量楽］
さらに語り合ったり、笑い合ったりして、身心ともに楽しんでいる。［願往生］
そこで彼らは娑婆世界の念仏の同行者たちを憶《おも》う。［無量楽］
それぞれ誓願を発して、娑婆にいる遙か彼方の念仏行者に力を加え、［願往生］
「専一に心を西方浄土に留めて、退転してはいけない。全ての同行者が必ずここに来るように」
と念ずる。［無量楽］

ひとたび阿弥陀仏の浄土に到ることができたならば、煩悩の汚れを離れた静かな楽しみを受ける事が出来る。［願往生］
その楽しみこそが涅槃《ねはん》の因である。［無量楽］
先に往生している人々は、このような願いを表に現して、互いに娑婆の行者を憶《おも》って、［願往生］
自分たちが座っている台座の半分を空けて、後から来る往生人に分け与えようと待っている。［無量楽］

(イ)　他方に遊ぶに無碍《むげ》

往生人たちは、互いに随いながら法界《ほうかい》を楽しむ。［願往生］
法界とは如来たちの浄土である。［無量楽］
一つ一つの仏の国には数え切れない程の会座がある。［願往生］
往生人たちは自ら分身となって、様々な法会にて聴聞し、それぞれ供養を行う。［無量楽］
そして、諸仏達が慈悲の光を照らし出すのを、自らの身に受けることが出来る。［願往生］
さらに、仏より頭の頂を摩《な》でられ、授記《じゅき》されて悟りに入る。［無量楽］

彼らは、意《こころ》の中で「他方の浄土へ往きたい」と願えばすぐに往く事が出来、［願往生］
「極楽に帰りたい」と願えばすぐさま帰る事が出来る。［無量楽］
他方浄土に留まるも、極楽に帰るも、共に利益《りやく》は得られる。［願往生］
それは極楽と他方の浄土は無二であり、［無量楽］
すべて涅槃平等の一如の世界だからである。［願往生］
諸仏の智慧もまたしかりである。［無量楽］

第二　正報《しょうぼう》

1　本仏

(1)　第八仏身《ぶっしん》

ア　結前生後

般舟三昧楽［願往生］
往生人が到る所は、すべて如来のおられる世界である。［無量楽］
そのような十方諸仏の御許を次々とめぐって供養し終わって、記別を授けられ、西方安楽国に帰

れば、［願往生］
無量の悟りの目を得る事が出来る。［無量楽］
往生人は、虚空《こくう》にゆきわたっている数限りない菩薩たちと共に、［願往生］
帰り来ては阿弥陀仏を供養する。［無量楽］
あるいは衣と華を散りばめると、それが天蓋《てんがい》に変化し、［願往生］
あるいは音楽を奏でれば、それが雲へと変現する。［無量楽］
このように変現した幢幡《どうばん》の数は無億数である。［願往生］
一度の食事をする僅かな時間でもって安楽国に到る事が出来る。［無量楽］
極楽の聖者たちは遙か彼方より姿を見て、［願往生］
この人が他国から来る同行人であるとわかれば、［無量楽］
それぞれ立ち上がって、華を持って迎え、供養し、［願往生］
彼らを誘引して、直ちに阿弥陀仏の説法の会座《えざ》へと引き入れる。［無量楽］
他方仏土から来た菩薩達も、本国の菩薩と同じように阿弥陀仏を礼拝して、［願往生］
華を持って百重千重と取り囲み、仏を繞《めぐ》って讃嘆する。［無量楽］
あるいは、香華を散らしては、妙なる音楽を奏で、［願往生］

また、神通を駆使しては姿を虚空に満たし、［無量楽］
光と光とが互いに照らし合って仏を供養する。［願往生］
そして、異口同音に極楽を褒め讃える。［無量楽］

イ　正しく明かす

阿弥陀仏が時に応じてお姿を動かされると、［願往生］
その身から放たれる光明《こうみょう》は、遍《あまね》く十方の国土を照らし出して、［無量楽］
放つ威神《いじん》の光明の色は尽きることが無い。［願往生］
また、その光は廻り巡って、阿弥陀仏に還って来てはその会座を照らす。［無量楽］
会座を照らし終われば、またその光がそれぞれの大衆の頂上より入る。［願往生］
そうすれば、大衆はみな同じように、これが授記《じゅき》の光であることが分かる。［無量楽］
光が収まらない間に、阿弥陀仏は微笑まれ、［願往生］
総ての大衆に、専心に聴かせられるようにお告げになる。［無量楽］
「私は今あなた達に、未来において菩提を得るであろうとの授記を授けた。［願往生］

余り時を経ることなく、全員が成仏するであろう」と。［無量楽］
もともと極楽に住していた者や、他方世界から極楽に来た者達は、［願往生］
この遇《あ》うことの難しい希有《けう》の法を得て驚喜する。［無量楽］
生死輪廻の永い苦しみを味わう娑婆世界から解脱《げだつ》出来るのは、［願往生］
俗世間の善知識である釈尊の恩に依るのである。［無量楽］
釈尊は様々に思いはかり、巧みに方便して、［願往生］
多くの法門の中から、阿弥陀仏の教えを得させて下さったのである。［無量楽］
念仏以外のあらゆる善業は、それを回向して浄土に往生するという利益が得られるものの、［願往生］
もっぱら阿弥陀仏の名号を念じるには及ばない。［無量楽］
一念一念の称名によって常に懺悔《さんげ》して、［願往生］
衆生がよく阿弥陀仏を念ずれば、仏もまた衆生を憶念《おくねん》して下さる。［無量楽］
念仏の衆生と阿弥陀仏とが互いに相い知れば、その境界《きょうがい》をも互いに照らし合う事が出来る。［願往生］
つまりこれこそ、衆生を救う阿弥陀如来の大願業力《だいがんごうりき》に依るものである。［無量楽］

ウ　便に乗じて垂誡《すいかい》す

(ア)　略して僻解《へきげ》を斥《しりぞ》く

A　依報正報《えほうしょうぼう》、倶《とも》に非なり

異学・異解《いげ》の諸師の言葉を信じて受けとってはいけない。［願往生］

それは「ただ人の心を清浄《しょうじょう》にしたならば、この娑婆世界をはじめ総《すべ》ての国土が清浄になる」という説である。［無量楽］

もし、この娑婆世界が諸仏の世界と同じく清浄であるというならば、［願往生］

どうして、六道の世界だけが生死を繰り返さねばならないのであろうか。［無量楽］

この迷いの三界には、棘《いばら》・刺《とげ》・叢《くさむら》・林《はやし》などが満ち溢れ、［願往生］

山河や大地にも高・低や起・伏がある。［無量楽］

水の中や陸の上、大空にいる生きとし生けるものの本性は、［願往生］

無明《むみょう》などの煩悩が等しく具わっていて、貪欲《とんよく》と瞋恚《しんに》にまみれている。［無量楽］

これら衆生は絶えず、財産や女色《にょしき》を貪り求めて苦しんでいる。［願往生］

B　上を成じて、下を起こす

愛欲と愚痴による悪業の縄でもって人を縛り、地獄へと送る。［無量楽］
閻魔大王《えんまだいおう》は使いを遣わして、煩悩にまみれた衆生を地獄へと連れ去ってゆく。［願往生］
牛の頭をした地獄の鬼は、煩悩に覆われた衆生に催促し続ける。［無量楽］
燃え盛る火炎が四方から同時に起こり、［願往生］
悪業の猛風が吹けば、その火は煽《あお》られ、地獄の苦しみの中へと落ちていく。［無量楽］
地獄の火が激しく燃え盛る四門の外の、［願往生］
それぞれの門ごとに、八万四千の隔りがある。［無量楽］
一つ一つの隔りのなかに悪業を行った亡者たちが堕ちる。［願往生］
ガンジス河の砂の数ほどの責め道具がその中にあって、［無量楽］
それにて罪人の身は、煙や炎が立ちあがる程に苦しめられ、［願往生］
飛輪《ひりん》や刀剣《とうけん》が縦横に飛び交って罪人の体に突き当たる。［無量楽］
どのような地獄であっても、これと同じような苦しみを受けねばならない。［願往生］
いったい、何時、どれほどの劫《こう》を経れば、休む事が出来るかわからない。［無量楽］

(イ) 広く所由を述べる

A 悪報《あくほう》

(A) 鉄城の苦相

般舟三昧楽［願往生］

三悪道《さんなんどう》が永遠に絶え果て、その名前すら残らない世であることを願う。［無量楽］

地獄は七重の鉄の城郭に囲まれ、七重の網によって覆われている。［願往生］

いくえにも重なった地獄の城内には鉄の林がある。［無量楽］

鉄の樹々には八万四千もの枝葉がしげっている。［願往生］

一枚一枚の葉や華や果実は、まるで刀の輪のようである。［無量楽］

風で飛んだ刀輪は空中で踊り上がり、戻っては下に落ちて来る。［願往生］

その刀輪が罪人の頭に突き刺さり、足まで切り裂いて出てくる。その痛みを耐えることなど出来ない。［無量楽］

地獄を取り囲む重々の門の上には、八万もの釜がある。［願往生］

その釜のなかには、銅や鉄の溶けた液汁《えきじゅう》が泉のように涌き出している。［無量楽］

その汁は煮えたぎり、八万由旬《ゆじゅん》の高さにまで波立ち吹き上げる。［願往生］
沸騰した汁は矢で射るかのように流れ出て、瞬時に門の外、一千由旬にまで到達する。［無量楽］
罪人は地獄の四つの門に通じる道より入ってくる。［願往生］
門が開かれ、自ら行った悪業が火となってその人を迎える。［無量楽］
火炎の鉄汁は激しく燃え盛り、流れ出して罪人の膝まで浸かる。［願往生］
その鉄汁が罪人に触れたならば、煙と炎が同時に起こり立つ。［無量楽］
牛の頭をした地獄の鬼たちが道の辺で叫んだならば、［願往生］
まるで天の雷鳴が轟いたかのように大地が震動する。［無量楽］
罪人がその音を聞いたならば、自らの胸と腹が八裂きにされる。［願往生］
そこへ、争うように鉄虫や鉄鳥がやってきて、その臓物を食べる。［無量楽］
鉄丸や刀剣が空から落ちて来る。［願往生］
はたまた、溶けた銅や鉄汁が頭の上から浴びせられる。［無量楽］
地獄の鉄城の門に到るに、まだ四万里もある。［願往生］
罪人はこれらの中を歩かされ、逃げ道すらない。［無量楽］
そこを行くのは風よりも早く、まるで矢を射るかのようである。［願往生］

罪人たちは一瞬のうちに、地獄の七重の門に入る。［無量楽］

(B) 門内《もんない》の苦相

般舟三昧楽［願往生］

一心に念仏して、貪欲《とんよく》と瞋恚《しんに》などの根本煩悩を断じねばならない。［無量楽］

もし、この七重の鉄門の中に入ったならば、［願往生］

いったい、いずれの時、いずれの劫にかここを出る事ができるであろうか。［無量楽］

一旦、罪人が門内に入ったならば、これらの門はすべて閉ざされる。［願往生］

地獄は罪人一人一人の身体で満ち溢れているが、受ける責め苦は互いに妨げられることはない。

［無量楽］

この地獄に一旦堕ちたならば、八万劫もの永い時間を過ごさねばならない。［願往生］

この地獄に堕ちるのは、すべて仏法を破壊した罪がその原因となる。［無量楽］

三宝をそしったり、人道を歩む善行をなさなかったならば、［願往生］

また阿鼻地獄の中に堕ちるであろう。［無量楽］

笑い戯れながら犯した罪によっても、永い間の苦しみを受けねばならない。［願往生］
仏の御心を尊重せずして、人間の迷いの心に流されてはいけない。［無量楽］
心を慎んで、軽率な心でもって身・口・意の三業を満足させてはいけない。［願往生］
悪因悪果《あくいんあっか》の道理は明瞭である。これを欺いてはならない。［無量楽］

(C)　門外《もんげ》の苦相

般舟三昧楽［願往生］
横ざまに悪業を断ち切って、西方浄土の道に入りなさい。［無量楽］
地獄の七重の鉄城のそれぞれの門の外には、［願往生］
巨大な鉄の蛇が頭をもたげ、城の上から睨んでいる。［無量楽］
その蛇の口からは、火炎や刀輪が吐き出され、［願往生］
全ての罪人の上に浴びせられる。［無量楽］
地獄の四つの角には鉄の狗《いぬ》がおり、その毛孔からは、［願往生］
煙と火が出ており、罪人の上に降り注がれる。［無量楽］

獄卒《ごくそつ》の羅刹《らせつ》は、罪人を突き刺す叉《ひし》を持って、罪人の心臓を刺す。［願往生］
煩悩は心によって造り出され、それにて地獄に堕ちるからである。［無量楽］
地獄の熱鉄の大地の上では、無限の苦しみを味わわされる。［願往生］
罪人はそこに横にならされたり、走り回されて苦を受ける。［無量楽］
地獄で苦しめられ、一つの長大な劫《こう》が終わろうとする時、罪人は次の様相を目の当たりにする。

［願往生］
地獄の東門の城外に、清らかな林の泉がある、と。［無量楽］
罪人はすぐさま、その泉を目指して、東の方へ一目散に走る。［願往生］
急いで門に近づき、到達しようとした時、逆にその門は閉じられる。［無量楽］
このように地獄の四門をさまよう事、はるかに半劫もの時が流れる。［願往生］
地獄では、鉄の網《あみ》が亡者の身を引っかけて釣り上げる。それは、あたかも棘《いばら》の林の中にいるようなものである。［無量楽］
上空には鷹が飛んでいて、罪人の肉を啄《つい》ばもうとする。
地上には巨大な銅《あかがね》の狗《いぬ》がいて、人肉を競い合って喰らおうとする。［無量楽］
地獄では、地上でも虚空でも、その苦しみから逃れる場などはどこにもない。

少しでも動いたならば、たちまちに多くの地獄の責め具が襲ってくる。［無量楽］

B　悪業《あくごう》

(A)　総じて衆悪《しゅあく》を明かす

般舟三昧楽［願往生］

このような地獄の苦しみを聞いたならば、心は粉砕されるであろう。［無量楽］

父母に孝行せず、また三宝を罵るなどすれば、［願往生］

命終わる時に、地獄の火が自《おのずか》ら迎えにやってくる。［無量楽］

親族を謗《そし》ったり、はずかしめたり、あるいは清浄《しょうじょう》な戒を破ったりした者も、［願往生］

同じく、このような地獄の中に堕ちていく。［無量楽］

命あるものを殺したり、他の肉を食べた者も、［願往生］

ただちに地獄の炎の中に入るであろう。［無量楽］

他の人が殺生《せっしょう》するのを見たり聞いたり、あるいは殺害の方法を考えたり、殺害を命じたりしたならば、［願往生］

今まで説いて来た苦しみの、二倍もの苦を味わわねばならないだろう。［無量楽］
三宝物《さんぽうもつ》や他人の持ち物を盗んで、［願往生］
ひとたび地獄に堕ちたならば、そこから出る機会などは二度とやって来ない。［無量楽］
父母や親族の物を盗んだとしても、［願往生］
また、同じような地獄に堕ちることになる。［無量楽］

(B)　別して邪婬《じゃいん》を述べる

般舟三昧楽［願往生］
身命と財産を惜しまずに、常に恵み施すようにつとめなさい。［無量楽］
師となる僧侶を犯したり、自らの不婬戒《ふいんかい》を破したりすると、［願往生］
久しく地獄に沈んで、そこから出る機会などはやって来ない。［無量楽］
もし衆生や親戚のものを犯したならば、［願往生］
必ず極めて長い間、地獄で苦しみを受けることになる。［無量楽］
たとえ男性に生まれたとしても、男根を具していない者となるであろう。［願往生］

たとえ親族が同居したとしても、怨み合う家族になるであろう。［無量楽］

㈦　欣浄《ごんじょう》を勧めるを結ぶ

般舟三昧楽［願往生］
願うならば邪心を断って清浄な行を修めなさい。［無量楽］
三宝や衆生などを騙し欺くと、［願往生］
命終わる時、地獄に堕ちて、そこから出離《しゅつり》する機会は無くなる。［無量楽］
悪口・二枚舌・貪り・いかり・うぬぼれ心をもっていると、［願往生］
八万もの地獄の世界を総て巡らねばならなくなる。［無量楽］
また、他人の落ち度や三宝の悪口を語ったならば、［願往生］
死んでから後、地獄で舌を抜かれる事になる。［無量楽］
よって、総ての衆生に次のことを勧めたい。正しく身《しん》・口《く》・意《い》の三業を護って、［願往生］
行《ぎょう》・住《じゅう》・坐《ざ》・臥《が》いつでも阿弥陀仏を念じ、［無量楽］
いつも地獄を忘れないで、［願往生］

往生を願う強いこころざしを発しなさい。〔無量楽〕
誓って、地獄・餓鬼・畜生などに堕ちる悪業を、作ってはならない。〔願往生〕
また人・天に生まれる果報も願ってはならない。〔無量楽〕
永い地獄の苦を思って、〔願往生〕
たちまちにこれを捨てて、ひとときも浄土の楽しみを忘れてはならない。〔無量楽〕
安楽仏国《あんらくぶっこく》は悟りの世界である。〔願往生〕
つまるところ、我が身を安ずるに、最もすぐれた所である。〔無量楽〕

(2) 第九真身《しんしん》

ア 先に国徳を讃ず

般舟三昧楽〔願往生〕
ただ仏の教えのこの道のみが、清浄で静寂《じょうじゃく》な世界である。〔無量楽〕
浄土の荘厳は尽きることがない。〔願往生〕
十方から浄土に生まれる者達にも窮まりがない。〔無量楽〕

かといって、千劫・万劫・恒沙劫という永い間においてすら、［願往生］
浄土へ往く一切の人が、互いに妨げ合うこともない。［無量楽］
十方の衆生も、未だかつて減ったこともなく、［願往生］
また阿弥陀仏国の衆生も増えたことがない。［無量楽］

イ　正しく仏身を嘆ず

阿弥陀仏の願力は、その慈悲心に随って広大であるので、［願往生］
浄土には、四種の荘厳が、すべてにゆきわたっている。［無量楽］
三明《さんみょう》や六神通《ろくじんづう》などの超能力も常に自在であって、［願往生］
普く衆生の心想のなかに入ってくる。［無量楽］
阿弥陀仏の身にそなわった相好《そうごう》も、観相によって、衆生の心想の中に起こり、［願往生］
行者の念に随って真金色の仏が現れる。［無量楽］
真金色とは阿弥陀如来の金色相《こんじきそう》のことである。［願往生］
阿弥陀仏の頭頂から放たれる円形の光明のなかには、百万億那由他恒河沙《ひゃくまんのくなゆたごうがしゃ》の化仏がおられ、そ

の化仏が念仏行者の前に現れる。［無量楽］

阿弥陀仏には八万四千もの相好がある、そのそれぞれの相には、また八万四千の随形好《ずいぎょうこう》があって、その随形好ごとに八万四千の光明がある。［願往生］

その一々の光明が十方世界を照らし出す。［無量楽］

この光明は、念仏以外を修する行者を照らし出さない。［願往生］

ただ、念仏往生人のみを探し求めて照らし出す。［無量楽］

ウ　見仏の因果

どのような善行を修しても、その功徳を往生の因にふりむける事が可能であるが、［願往生］

念仏の一行こそが最も尊い。［無量楽］

念仏以外の善根《ぜんごん》を回向して極楽に生ずるのは、おそらく力は弱いであろう。［願往生］

一日ないし七日の間の念仏に勝《まさ》るものはない。［無量楽］

念仏者の命が終わろうとする時、阿弥陀仏や二十五菩薩などの聖衆達が現れて、［願往生］

往生人は観音菩薩の持つ蓮華の台座に坐らせてもらって、浄土へと向かわせて頂く。［無量楽］

すでに極楽に住んでいる悟りを得た人々は、［願往生］
はるか遠くから、浄土に生ずる往生者の姿を見て、歓《よろこ》びに溢れる。［無量楽］
浄土に着いて、観音菩薩の相好を見れば、阿弥陀仏のお姿と何ら異なるところがない。［願往生］
衆生の苦しみを救う慈悲の力が最も強いお方が観音菩薩であるからだろう。［無量楽］

2　脇士

(1)　観音

ア　総じて大悲を讃ず

(ア)　縁に随って機《き》に赴《おもむ》く

般舟三昧楽［願往生］
観音菩薩は、釈迦仏の教え通りに、衆生をして阿弥陀仏を念じさせる。［無量楽］
衆生の苦を救うに際して、観音菩薩のおられる西方浄土と娑婆《しゃば》世界とでは、はるかに隔たっているが、［願往生］
衆生が急に念じたとしても、観音菩薩はその時に応じて、すぐさま来て下さる。［無量楽］

あるいは声聞《しょうもん》や菩薩のすがたとなって、［願往生］
縁に随って、菩薩が願い見て、衆生を済度《さいど》して下さる。［無量楽］
「悲の心」でもって衆生の苦しみを抜き、三界を超えさせて下さり、［願往生］
「慈の心」でもって衆生に楽を与え、涅槃に入らせようとして下さる。［無量楽］
絶えず衆生と共にあって、それぞれに応じて済度の為にその身を変えて下さる。［願往生］
よって、六道のいずれにも生じ、末法《まっぽう》の時代も、鈍根《どんこん》の機類も、全てを済度して下さる。［無量楽］
観音菩薩を礼拝し、称念して、その身を観察《かんざつ》すれば、行者の罪や障りは除かれる。［願往生］
まさにこれは観音菩薩の発願による慈悲の極みである。［無量楽］
観音菩薩はあらゆる時において、衆生界に姿を現して下さり、［願往生］
六道を摂め取って、観音菩薩の光の中に現じて下さる。［無量楽］
衆生の苦しむ姿を眼で見て、耳で聞いて、それを心に収めて下さる。［願往生］
衆生の救いを求める声を尋ねては、一瞬の間に苦を救って下さる。［無量楽］

(イ)　身を挙げる妙用《みょうゆう》

観音菩薩の頭の冠には、千里もある高さの阿弥陀如来の立化仏《りゅうげぶつ》がおられる。［願往生］
それは阿弥陀仏の慈恩を報ずるために、頂戴された立化仏である。［無量楽］
眉間の白毫《びゃくごう》には七宝《しっぽう》の色があって、［願往生］
それぞれの色からは、八万四千《はちまんしせん》の光が出ている。［無量楽］
一々の光には無量無数百千の化仏がおられ、また一々の化仏にも無数の化菩薩がおられる。［願往生］
観音菩薩の神通力は極楽世界に満ち溢れており、［無量楽］
その御身からは紫磨金色《しまこんじき》の光明が放たれている。［願往生］
御身の内と外とが透き通り、あたかも曇りのない鏡のようである。［無量楽］
あらゆる光明は、菩薩を飾る瓔珞《ようらく》のようであり、［願往生］
その瓔珞は全身にまとわりついて、しかも鈴と飾り玉が垂れている。［無量楽］
また、両手は繊細円満で、五百億の雑蓮華《ぞうれんげ》の色をしておられる。［願往生］
絶えずこの手でもって、衆生を引接《いんじょう》して下さる。［無量楽］
足を挙げれば千輻輪相《せんぷくりんそう》が大地に印《しる》され、宝地となり、［願往生］
足を下ろせば金色の摩尼《まに》の蓮華が世界に満ちる。［無量楽］

㈦　行座ともに利益《りやく》を施す

本国の極楽浄土であれ、他方浄土であれ、観音菩薩が歩いたり座ったりする場所において、［願往生］

この菩薩に触れた者は無生法忍《むしょうぼうにん》の悟りを得る。［無量楽］

初地《しょじ》以前とか、初地以上という悟りへの階位などは、元来ない。［願往生］

ただ利根や鈍根という素質の違いによって、悟りの浅い深いかの違いに過ぎない。［無量楽］

ひと思いひと思いの中において、つねに悟りを得る事が出来るのが観音の摂化《せっけ》である。［願往生］

いまだ何の修行の功徳も無いまま、自然に証悟を得させて頂ける。［無量楽］

イ　結して報恩《ほうおん》を勧める

般舟三昧楽［願往生］

往生を願う者は、命が終わるまで誓って心を退かせてはいけない。［無量楽］

往生出来れば、阿弥陀仏の極楽世界を心のままに楽しむ事が出来るからである。［願往生］

他に何を貪ったとしても、往生を求めないようなことがあろうか。［無量楽］
観音菩薩は衆生の苦しみを救う為に、その身を様々に変現して、皆を平等に化導して下さる。
［願往生］
衆生を教化しては、阿弥陀仏の極楽世界へと送って下さる。［無量楽］
このように衆生たちは、ことごとく観音菩薩の大悲力を賜わっているのである。［願往生］
だから、身を砕いたとしても、慚愧《ざんき》し、報謝して、菩薩の慈悲の恵みに報いなければならない。
［無量楽］

(2)　勢至《せいし》

ア　総じて身相を讃ず

般舟三昧楽［願往生］
観音菩薩は衆生を導いて、阿弥陀仏にお遇いさせて下さる。［無量楽］
一方、勢至菩薩の威光も広大である。［願往生］
そのお身体の相好は観音菩薩とそっくりである。［無量楽］

勢至菩薩のお身体から放たれる光明もすべての世界にゆきわたる。［願往生］
その光明に照らされる処は、みな同じく紫磨金に輝く。［無量楽］
菩薩と縁のある衆生はその光に照らし出され、［願往生］
智慧を増長して極楽世界に往生する事が出来る。［無量楽］
勢至菩薩は頭に華の冠を戴いておられ、身には瓔珞《ようらく》を垂らしておられる。［願往生］
額の上にある宝瓶《ほうびょう》からも光が放たれており、たぐいなく優れた姿を見せて下さっている。［無量楽］

イ　別して行座《ぎょうざ》を嘆《たん》ず

一度《ひとたび》、勢至菩薩が歩まれれば、すべての世界が振動し、［願往生］
その揺れ動くところには、蓮の華が自然に生じる。［無量楽］
その蓮華の荘厳は、まるで極楽世界のようである。［願往生］
その他の仏国土《ぶっこくど》も全て同じようである。［無量楽］
また勢至菩薩が坐られる時には、最初に阿弥陀仏の極楽世界を揺れ動かされ、［願往生］
次いで上方の国土から、下方の国土まで、無数の仏国土を震わせる。［無量楽］

そして、一つ一つ分身たちが浄土に集まってくる。［願往生］
これらはみな阿弥陀仏・観音菩薩・勢至菩薩の化身達である。［無量楽］
すべての世界の一仏・二菩薩たちの化身が極楽に集まって、［願往生］
極楽世界の上空は溢《あふ》れかえり、塞がってしまう。［無量楽］
それらの化身たちは、それぞれ百宝《ひゃっぽう》で飾られた蓮の華の台座に坐って、［願往生］
異口同音に妙なる教えを説く。［無量楽］

ウ　利益を結示す

極楽世界の衆生は、浄土の荘厳や妙法を見聞きするだけで利益を得る。［願往生］
これらの衆生は、通常の十地位の菩薩の階位を超えるほどの証果である。［無量楽］
このような大なる利益を集める、数限りない衆生達は、［願往生］
妙法を聴聞し、諸仏を供養して、永い年月を送る。［無量楽］
だから、その国を極楽と名づけるのである。［願往生］
総ての往生願生者に「常に浄土を思い続けよ」と勧めたい。［無量楽］

第三項　讃を結ぶ

第一　普く観ず

あらゆる場面において顔を西方に向けよ。［願往生］
そして、心にかの阿弥陀仏のお姿を見ることを想え。［無量楽］
極楽世界の地上の荘厳は数え切れないほど多くあって、［願往生］
宝楼や林樹には、宝玉をつらねた紐が垂れている。［無量楽］
そこで、自分が蓮華の中で結跏趺坐《けっかふざ》して、極楽世界に往生する想いをなせ。［願往生］
ただちに蓮華の宝池にある大法会《だいほうえ》の中にとどまって、［無量楽］
まず、自身がその蓮華の中に入《い》ると想え。次に蓮華が閉じていると想え。［願往生］
続いて、蓮の華が開き、阿弥陀仏のお姿を拝見するのを想え。［無量楽］
阿弥陀仏を見たてまつれば、そのお光には様々な色があって、［願往生］
五百種の光と光が届いて、自身を照らし出すと想え。［無量楽］
また如来や菩薩達の慈悲の光が自身を照らすとの想いを懐け。［願往生］
おぼろげながらに、心の眼が開く想いをなせ。［無量楽］

また、空中には、一面に化仏たちがおいでになる様子を想え。［願往生］
樹々のざわめきが、すぐれた音楽を奏で、［無量楽］
水の流れ、鳥のさえずり、風のざわめきなど全てが、妙なるみ教えを説いているのを聴くと想え。
［願往生］
本当に心を専らにすれば、これらの想いを成し遂げることが可能である。［無量楽］
心に専注でき、三昧に入れば、阿弥陀仏の浄土が現れ、［願往生］
化仏がおいでになり、不思議な力を与えて下さる。［無量楽］
観音菩薩と勢至菩薩の化身は数え切れないほど多くおられて、［願往生］
常にこの往生を願う行人のもとに来て下さる。［無量楽］

第二　雑観《ぞうかん》

般舟三昧楽［願往生］
一心に仏を観想《かんそう》すれば、仏のお姿を拝見することに疑いはない。［無量楽］
衆生は、長いあいだ迷いの生死《しょうじ》輪廻《りんね》の世界をさまよい、［願往生］

無明《むみょう》の障《さわ》り重く、開悟《かいご》しがたいことを、仏は知っておられる。［無量楽］

そこで仏は、広大な御身のすみずみまで観想することが衆生には困難であることを懸念せられ、［願往生］

便なるため、小身の丈六仏《じょうろくぶつ》を池の中に化現《けげん》された。［無量楽］

一つの蓮華には百宝の葉があって、［願往生］

丈六の化仏がその蓮華の台座に坐っておられることを想え、と教示下さる。［無量楽］

仏身に大小の差があったとしても、いずれも衆生の障りをよく取り除かれる。［願往生］

当然ながら、観音菩薩と勢至菩薩のお姿は、どちらも同じように等しく。［無量楽］

行者は行《ぎょう》・住《じゅう》・坐《ざ》・臥《が》、いつも仏を観想することに、勤め励んだならば、［願往生］

命が終わったその瞬間に、無為《むい》涅槃の「自然《じねん》」に帰る事が出来る。［無量楽］

「自然」とはまさに阿弥陀仏の浄土である。［願往生］

その浄土こそ究極的な常住安楽《じょうじゅうあんらく》の世界であり、そこから退転《たいてん》する事などはない。［無量楽］

たとえ娑婆世界で百年が尽きたとしても、まるで一日のようにはかなく過ぎ去っていくものである。［願往生］

一日は一瞬にすぎない。よって娑婆界は願うべき世界ではない。［無量楽］

第三節　普《あまね》く万機《ばんき》を摂する分

第一項　上輩《じょうはい》

第一　上品上生《じょうぼんじょうしょう》

1　修学勇猛《しゅがくゆみょう》

上品上生の凡夫たちは、［願往生］
持戒《じかい》や念仏、誦経《じゅきょう》をひたすらに行い、［無量楽］
いかなる時もつねに心をはげまして勤めたならば、［願往生］
臨終にあたって聖衆たちが自ら来迎《らいこう》下さる。［無量楽］

2　果報思い難し

観音菩薩は華台をささげ持って行者の前に到り、［願往生］
大勢至菩薩は直ちに行者の手をとって金色の蓮台に上らせて下さる。［無量楽］
数え切れないほどの化仏や菩薩衆たちが、［願往生］

行者の頭をなでて褒め称え、阿弥陀仏に随ってこの世を去って極楽へ往く。〔無量楽〕
またたく間に阿弥陀仏の極楽浄土に到って、〔願往生〕
もろもろの菩薩達の色相《しきそう》具足する真実の姿を見る。〔無量楽〕
極楽浄土の七宝で出来た光明の林は、みな法を説き、〔願往生〕
往生人はその法を聴いて無生法忍を悟る。〔無量楽〕
直ちに他方国土の仏のもとを次々とめぐって供養し、〔願往生〕
一念のうちに極楽浄土に帰ってきて無量の悟りを得る。〔無量楽〕

第二　上品中生《じょうぼんちゅうじょう》

1　修行回向

上品中生の凡夫たちは、〔願往生〕
大乗経典を読誦し、念仏を修し、ひたすらに持戒し、〔無量楽〕
一日ないし七日の間、ともに回向したならば、〔願往生〕

2　勝《しょうやく》益は漸々に深い

臨終にあたって、聖衆達が来て姿を現して下さる。[無量楽]
観音菩薩は華台をささげ、大勢至菩薩と共に行者の前にお立ちになる。[願往生]
行者が紫金色《しこんじき》の蓮華台に登れば、[無量楽]
阿弥陀仏は千の化仏《けぶつ》と共に行者を褒め称えて下さる。[願往生]
そして、阿弥陀仏に従って、一瞬の間に極楽浄土の七宝《しっぽう》の池に入る。[無量楽]
一晩のうちに障碍《しょうげ》が無くなり、その往生人を包む蓮華が開く。[願往生]
往生人が阿弥陀仏の姿を見て、すぐに紫金色の蓮台からおりようとすれば、[無量楽]
その足が地に着かないうちに、蓮華が往生人の足を承けてくれる。[願往生]
阿弥陀仏が金色の光明を放てば、その光が往生人に届いて身体を照らしてくれる。[無量楽]
往生人はただちに阿弥陀仏のみ前に進んで、[願往生]
阿弥陀仏を讃嘆すること七日にして、無生忍《むしょうにん》の悟りを得る。[無量楽]
同時に、往生人は他方浄土の諸仏のもとを一瞬の間に経巡って供養し、[願往生]
百千種類もの三昧の法門を証得する。[無量楽]

わずかの間に三阿僧祇劫《さんあそうぎこう》を経て、［願往生］

法門に通達《つうだつ》する歓喜地《かんぎじ》（初地《しょじ》）の位に入る。［無量楽］

3　重ねて勧誡《かんかい》を示す

般舟三昧楽［願往生］

戒をたもち、善をおこなって怠りなまけることがないようにしなさい。［無量楽］

怠りなまければ、輪廻《りんね》を繰り返す業を造ることになる。［願往生］

そうすれば、誰が、そのような人を阿弥陀仏の浄土に往かせることができるであろうか。［無量楽］

熱い湯や火が身体を焼いたならば、急いで自らそれを払いのけるであろう。［願往生］

他人が自分の苦悩を推し量って、それを除いてくれるのを待つようではいけない。［無量楽］

貪欲《とんよく》や瞋恚《しんに》に満ちた世界は、燃えさかる家のようで、互いに焼き払われる苦しみを生んでいる。［願往生］

しかし凡夫は、障《さわ》りが重くて、心が頑なであるので、その苦痛に気づかない。［無量楽］

やっと、その苦痛に目覚める事が出来たならば、愚痴の行いを断ち切り、［願往生］
自らの罪や過ちを悔い恥じて、安楽国に生まれようと思う。［無量楽］
安楽国は、最勝の堅固な国である。［願往生］
その国には永久に、凡夫や六道の実態もないし、名すらも存在しない。［無量楽］

第三　上品下生《じょうぼんげしょう》

1　正しく明かす

般舟三昧楽［願往生］
極楽は静寂で、実に優れた世界である。［無量楽］
上品下生の凡夫たちは、［願往生］
深く仏法の因果を信じ、大乗を誹謗《ひほう》する心を生じないものの、［無量楽］
身《しん》・口《く》・意《い》、三業《さんごう》の行いには、おごり高ぶる心を持つ者が多い。［願往生］
しかし、この上ない悟りを求める心を発起《ほっき》している者達であるので、［無量楽］
その功徳を回向して、一念一念に安楽国に生まれようとしたならば、［願往生］

臨終時に、金色の蓮台が行者のもとに到るのを見る事が出来る。［無量楽］
共に来至した五百の化仏や観音菩薩などが、［願往生］
すぐさま手をとって蓮台の中に入らせて下さる。［無量楽］
合した蓮華に乗じて、一念のうちに極楽の宝池の中に到る。［願往生］
一日一夜が経《た》てば、宝の蓮華が花開く。［無量楽］
ところが、華が開いたとしても、僅かな障りが残っているので、阿弥陀仏を明瞭に拝することが叶わない。［願往生］
二十一日が過ぎた時、はじめてその障りがなくなり、はっきりと仏を見たてまつる。［無量楽］
そうすれば、耳に色々な教えが聴こえてきて、心に悟りを得ることが出来る。［願往生］
次いで、十方諸仏のもとを次々と経巡って授記を頂き、［無量楽］
十劫の間も気付かず、またたく間に過ぎ、［願往生］
進んで百法明門《ひゃっぽうみょうもん》に通達して、歓喜地《かんぎじ》（初地《しょじ》）の位に至る。［無量楽］

2　勧誡《かんかい》

般舟三昧楽〔願往生〕
命が終わってから後の極楽往生を目指すに、何ら疑問を起こしてはならない。〔無量楽〕
もし行者が釈迦如来の真の弟子であるならば、〔願往生〕
誓って仏語《ぶつご》のままに実践して、安楽国に往生しなさい。〔無量楽〕
目的を定めずに、仏語以外の言葉を信じてはならない。〔願往生〕
縁によって病を治す方法が様々にあるように、仏教の教えにも様々な道があるので、自らの機根《きこん》にあった方法に依りなさい。〔無量楽〕
たちまちに災いに遭って急に死に臨んだ時、〔願往生〕
たとえ出家者や在家者が多く集まっても、その人を救うことができないように、他人にはどうする事も出来ない。〔無量楽〕
また、口先で一切のものには実体がないとの教理を説いたとしても、自分に納得できなければ、怨だけを残す事になる。そのように教理だけでも救われない。〔願往生〕
理論の上での是非や正邪などを論ずるのでは、我見が山のように聳《そび》えてしまう。〔無量楽〕
このような理論のみを主張する人に近づいてはならない。〔願往生〕
近づけば計り知れないほどの永い苦悩の中を輪廻することになるであろう。〔無量楽〕

耳をそばだて、心を傾けて、たえず仏法を訪ね求めなさい。［願往生］
今身に念仏の道を修め、悟りを得なさい。［無量楽］
もしこの念仏の法の、すぐれた利益を聞いたならば、［願往生］
自分の身命を顧みずに、往生を得る道を求めなさい。［無量楽］
もし専らに念仏道を行じて、命を惜しまなかったならば、［願往生］
命が終わって、すぐに安楽国に往生出来るであろう。［無量楽］

第二項　中輩《ちゅうはい》

第一　中品上生《ちゅうぼんじょうしょう》

般舟三昧楽［願往生］
念仏は悟りへの入り口である。［無量楽］
中品上生の凡夫《ぼんぶ》などは、［願往生］
専ら声聞《しょうもん》・縁覚《えんがく》の行を修める。［無量楽］
戒律《かいりつ》・禅定《ぜんじょう》・慈悲などの修行を、果敢に勤め、［願往生］

その善根《ぜんごん》を一心に回向して、安楽国に生まれたいと願ったならば、［無量楽］
命終わる時に、化仏《けぶつ》や声聞たちがやって来て、［願往生］
七宝《しっぽう》の蓮台が行者の前に現れて下さる。［無量楽］
阿弥陀仏は光明《こうみょう》を放って頭の頂を照らして下さる。［願往生］
自身を見れば、すでに蓮台に座っている。［無量楽］
頭をたれて阿弥陀仏を礼拝《らいはい》する時は娑婆世界にいるが、［願往生］
頭を挙げ終われば、既に極楽世界に入っている。［無量楽］
極楽に到れば蓮華が開き、阿弥陀仏を見させて頂く。［願往生］
四諦《したい》の教えを聞いて、真如を証得することが出来る。［無量楽］

第二　中品中生《ちゅうぼんちゅうじょう》

般舟三昧楽［願往生］
実にこれは阿弥陀仏の願力のお陰である。［無量楽］
中品中生の凡夫たちは、［願往生］

一日一夜、八戒斎《はっかいさい》をたもてば、［無量楽］
この持戒《じかい》の功徳による善根力《ぜんごんりき》を往生に回向して、［願往生］
ただちに阿弥陀仏の安養国に到る事が出来る。［無量楽］
命の終わる時に化仏や善知識が現れ、［願往生］
七宝の蓮華を手に持って行者の前に来て下さる。［無量楽］
行者は七宝の蓮華台を見て、心がおどりあがる喜びを感じる。［願往生］
たちまち蓮華の台座に上り、仏とともに娑婆世界を去って浄土へと赴く。［無量楽］
一念の間に阿弥陀仏の宝国に入って、［願往生］
ただちに八功徳水の池のなかに到る。［無量楽］
池の中には蓮華が無億数もある。［願往生］
それらのすべての蓮華は、十方世界から極楽へ往生した人々の蓮台となっている。［無量楽］
浄土で、七日七夜が経過すると、蓮の花が開く。［願往生］
蓮華が開けば、阿弥陀仏を拝見させて頂く事が出来、しかも須陀恒果《しゅだおんか》が得られる。［無量楽］

第三　中品下生《ちゅうぼんげじょう》

般舟三昧楽［願往生］
誠実に修行を実行して、他人を欺いてはならない。［無量楽］
中品下生の凡夫たちは、［願往生］
父母に対しては孝養を尽くし、他人に対しては世間の道徳を実践する。［無量楽］
命の終わる時に、善知識が説く、［願往生］
「極楽世界の素晴らしい状況や、阿弥陀仏の誓願」に出遇えて、［無量楽］
それを聞かせて頂けば、合掌し、心を回らせて浄土に向かう。［願往生］
その念に乗じ、極楽世界の宝池のなかに到る。［無量楽］
蓮華の花が閉じたままの百宝の蓮台に座って、［願往生］
四十九日《しじゅうくにち》が経過すれば、その宝の華が開く。［無量楽］
蓮華が開けば、阿弥陀仏や無数の聖者たちを見させて戴き、［願往生］
一小劫《いちしょうこう》が過ぎた後に、無生法忍《むしょうぼうにん》を証得する。［無量楽］

第四　重ねて伏難《ぶくなん》を会通《えつう》する

ここでいう「無生《むしょう》」とは阿羅漢《あらかん》のことである。［願往生］

極楽世界の阿羅漢は、小乗の心をひるがえして、大乗に向かう衆生で、［無量楽］

ひとたび大乗の心を発したならば、後には小乗の心は無くなり、［願往生］

菩提《ぼだい》に到達するまで退転《たいてん》することがない。［無量楽］

このことから天親菩薩《てんじんぼさつ》は『浄土論《じょうどろん》』を撰して、［願往生］

「二乗の心が生じる種は、永遠に生えてこない」と述べて下さっている。［無量楽］

だから言いたい。「大乗善根の浄土の世界では、［願往生］

小乗という不快なそしりの過を永く断ち切る」と。［無量楽］

阿弥陀仏は、大乗の凡夫も、小乗の凡夫も共に平等に摂取《せっしゅ》して、［願往生］

地獄・餓鬼・畜生などの六道輪廻の苦しみから解放させる。［無量楽］

だから、阿弥陀仏の浄土に住することを願うべきである。［願往生］

菩提を悟った者も、まだ悟らない者も、ともに心穏やかに過ごすことが出来るのが浄土である。

［無量楽］

第三項　下輩《げはい》

第一　下品上生《げぼんじょうしょう》

1　軽罪《きょうざい》は困苦す

般舟三昧楽〔願往生〕

ただちに生死の世界を解脱《げだつ》し、娑婆世界から出離《しゅつり》せよ。〔無量楽〕

下品上生の凡夫たちは、〔願往生〕

ことごとく十悪を作すのみで、善行を作していない。〔無量楽〕

無明を増長するのみで心が満足し、〔願往生〕

他の人が多くの善行をなすのを見て、非難し謗《そし》る。〔無量楽〕

このような愚かな者が、悟るのは難しい理由は、〔願往生〕

実に、悪に導く者との強い縁があるからである。〔無量楽〕

愚人達は、ただ目の前の酒や肉を貪り食らうことを知っているものの、〔願往生〕

これらがすべて、地獄に堕ちる行為であることが分かっていない。〔無量楽〕

一旦、地獄に堕ちて永い間、苦しみを受けたとき、〔願往生〕

はじめて人界の中で、出遇った善知識のことを想い起こすのである。〔無量楽〕

重病にて罪人の命が終わろうとする時、［願往生］
意識が混濁して、心が顚倒《てんどう》し、千々に乱れる。［無量楽］
そのような中、自らの目の前に地獄の様相が明瞭に現れる。その時、［願往生］
苦しみのあまり、白い汗が流れ出て、手は空を握る。［無量楽］

2　善知識《ぜんちしき》に遇《あ》って往生す

この切迫した苦しみを、誰がよく救えるであろうか。［願往生］
このような悪人を救う事が出来るのは、善知識はじめ阿弥陀如来のご恩徳《おんどく》以外には無い。［無量楽］
善知識は手に香炉を持って、その悪人を教えて懺悔《さんげ》させ、［願往生］
教えて合掌し、阿弥陀仏を念じさせる。［無量楽］
一声の南無阿弥陀仏の称名《しょうみょう》は、多くの苦を除き、［願往生］
五百万劫もの永い間、生死流転する罪を消し去ってくれる。［無量楽］
化身の仏と菩薩は、南無阿弥陀仏の声を尋ねて、往生人のもとに到り、［願往生］
「あなたは仏名を称えたことで多くの罪がなくなった。だから私は華台を持ってあなたを迎えに

来た」と告げて下さる。［無量楽］
行者は化仏の光明がその部屋に満ちるのを見て喜ぶ。［願往生］
命が終われば、七宝の蓮台の上に座わり、［無量楽］
化仏に従ってたちまちに極楽浄土へと往く。［願往生］
浄土に着けば、直ちに宝の池の中に入り、［無量楽］
四十九日が経過して蓮の華が開けば、阿弥陀仏を拝見させて頂くことができる。［願往生］
観音菩薩と勢至菩薩は慈悲の光を放って往生人を照らして下さる。［無量楽］
往生人の眼は晴れたように明るく、心から納得し、［願往生］
合掌して、はじめてこの上ない悟りを求める心を起こすのである。［無量楽］

第二　下品中生《げぼんちゅうじょう》

1　次に罪、迷没《めいもつ》す

般舟三昧楽［願往生］
地獄・餓鬼・畜生に代表される六道を免れることができるのは、善知識の恩による。［無量楽］

もし善知識が、阿弥陀仏の御名を称えるように教えて下さらなければ、［願往生］
どのようにして阿弥陀仏の国に入ることができようか。［無量楽］
下品中生の凡夫たちは、［願往生］
戒律を持《たも》たず、僧侶の物を盗んだりして、衆くの罪を造り、［無量楽］
その上、自己の利益のために説法しても、一切慚愧《ざんき》しない僧たちなど、［願往生］
要するに、戒律を破したり、大乗仏教の基本である因果の道理を否定したりして、師匠の教えに従わないもの達である。［無量楽］
このような愚かな人が死に臨む日には、［願往生］
まるで錐《きり》で刺されているかのように身体の節々が激しく痛む。［無量楽］
そして地獄の猛火がその人の前に押し迫ってくる。［願往生］

2　聞名《もんみょう》にて往生す

まさにその時にあたって、善知識が、［無量楽］
大いなる慈悲を起こして、教えて念仏を勧めて下さるのに出遇ったならば、［願往生］

その猛火は涼しい風に変わる。［無量楽］
しかも、天からはひらひらと風に乗って華が散ってくる。［願往生］
その華には、化仏や菩薩がおいでになって、その人を華の上へと乗せて下さる。［無量楽］
行者は天から降ってくる華の上に座って、［願往生］
化仏に従って瞬く間に極楽浄土の宝池に入る。［無量楽］
この人は罪障が重いので、蓮の華が開くのに六劫もの永い時間がかかる。［願往生］
やっと華が開いたならば、初めてこの上ない悟りを求める心を起こすのである。［無量楽］

第三　下品下生《げぼんげしょう》

1　重罪は地獄に堕《お》つ

般舟三昧楽［願往生］
たとえ身を砕いたとしても自身を慚愧《ざんき》して、往生の教えを説いて下さった釈尊のご恩に報謝すべきである。［無量楽］
下品下生の凡夫たちは、［願往生］

最も重大な十悪や五逆の罪を造った者達である。〔無量楽〕
このような愚かな者は、多くの罪を造るので、〔願往生〕
計り知れない程の時間をかけて、多くの地獄を経巡ったとしても、尽きる事がない。〔無量楽〕

2　念仏にて往生す

この者が命を終えようとする時、善知識が、〔願往生〕
「たちまちに安穏《あんのん》になる妙法」を説くのに出遇ったならば、次のようになるであろう。〔無量楽〕
臨終の時に、刀が身体の節々を分断するかのような痛みに襲われる。その時、この世に未練を残して痛みを耐え忍ぶあまり、〔願往生〕
善知識が、阿弥陀仏を念じさせようと教えても、念じることができない。〔無量楽〕
そこで善知識は、次のように語りかける。「ただ合掌して、〔願往生〕
正念《しょうねん》に、ただ無量寿仏《むりょうじゅぶつ》の御名を称えなさい」と。〔無量楽〕
そして、声をつづけて「南無阿弥陀仏」と十回、称えたならば、〔願往生〕
その一声一声ごとに、五逆《ごぎゃく》の罪が消し去られていく。〔無量楽〕

大乗を誹《そし》った者と一闡提《いっせんだい》と、十悪を犯した者であっても、［願往生］
心を回《めぐ》らせて念仏すれば、その罪はすべて除かれる。［無量楽］
臨終者が、これらの迷いから身心ともに目覚めたならば、［願往生］
目の前に金色の蓮台が現れる。［無量楽］
その金色の蓮台からは、光明が放たれて、下品下生の行者を照らし出す。［願往生］
行者は身心ともに歓喜して、蓮華の台座に上る。［無量楽］
蓮華台に乗じて一念の間に阿弥陀仏の国に到り、［願往生］
直ちに、阿弥陀仏の大いなる説法の会座の前にある蓮華の池に入る。［無量楽］
残っている罪や過ちはまだ尽きていないので、往生人は閉じた蓮華の中に包まれたままである。
［願往生］
十二劫もの永い時間を経た後に、はじめて蓮華が開く。［無量楽］
閉じた華の中に坐っている間中であっても、わずかな苦しみすら無い。［願往生］
その状態は色界の第三禅天で得られる快楽をはるかに超えている。［無量楽］

3　蓮華が開く利益を得る

般舟三昧楽［願往生］
地獄に堕ちるのを免れて、浄土の金色の蓮台に坐りなさい。［無量楽］
金色の蓮華のなかに包まれて百千劫もの長い時間を経たとしても、［願往生］
地獄のわずかな期間にも及ばない。［無量楽］
観音菩薩や勢至菩薩は往生人を慈悲の光明で照らし出して下さり、［願往生］
少しずつ「諸法実相《しょほうじっそう》の教え」や、「滅罪《めつざい》の教え」を説いて下さる。［無量楽］
行者は、このたぐいまれな教えを聴くことができて、［願往生］
真理を明らかに見る智慧のまなこがはっきりと開く。［無量楽］
智慧のまなこが開いたとき、阿弥陀仏の会座を見て、［願往生］
たちまちに無上の菩提心《ぼだいしん》を発《おこ》す。［無量楽］

第四　重ねて勝益《しょうやく》を嘆ず

往生人が坐ったり、立ったり、歩いたりして、浄土の状況を観察すると、［願往生］
いたるところから、ただ説法の声だけが聴こえてくる。［無量楽］

その声が、身や心、毛孔にまで染み渡り、体全体で悟りを開くのである。［願往生］
浄土は、菩薩や聖衆たちで満ち溢れている。［無量楽］
往生人は自ら神通力《じんづうりき》を働かせて、阿弥陀仏の法会《ほうえ》の座に入る。［願往生］
そもそも浄土に往生できたその基《もとい》をじっくり考えれば、それは娑婆世界における釈迦仏のご恩によるものである。［無量楽］
もし釈迦仏が行者を勧めて、念仏させて頂くことが出来なければ、［願往生］
阿弥陀仏の浄土を、何によって見ることができたであろうか。［無量楽］
心のなかで香や華を念じて釈迦仏に全てを供養し、［願往生］
かぎりなく長い時間をかけて釈迦仏の慈悲の御恩に報いなければならない。［無量楽］
十方の迷いの生死世界に住む衆生に広く勧めたい。［願往生］
みな同じ心でもって悪業を断ち切り、全員が浄土にやって来なさい。［無量楽］
一旦この涅槃常住《ねはんじょうじゅう》の浄土に往生したならば、［願往生］
未来永劫、どのような憂いも無くなる。［無量楽］
一念一念ごとにつねに悟りをひらき、［願往生］
十地において修める行《ぎょう》と願《がん》は自ずから成就出来る。［無量楽］

十地の中、一地ごとに修する慈悲の利《り》他行《たぎょう》には、たくみな方便が必要になる。［願往生］
それを阿弥陀仏を師として修したならば、決して誤りがない。［無量楽］

第四節　上を承《う》けて結讃文を結ぶ分

第一項　正宗分《しょうしゅうぶん》の巧説《ぎょうせつ》を結び、嘆ず

禅定心《ぜんじょうしん》を用いて修する観想《かんそう》の「定善《じょうぜん》」には、『観無量寿経』に「十三観《じゅうさんがん》」がある。［願往生］
その一つ一つに阿弥陀仏のお姿など浄土の荘厳の様相が詳しく説かれている。［無量楽］
いついかなる時にも、常にこの浄土の荘厳を観察するようにしなさい。［願往生］
常に心に念じていたならば、心の眼によって浄土の荘厳をおぼろげに見る事ができる。［無量楽］
禅定心を用いずに修する観想の「散善《さんぜん》」は「九品《くぼん》」として、『観無量寿経』のなかに讃嘆されている。［願往生］
そこに説かれる一つ一つの行を回向したならば、みな往生することが出来る。［無量楽］
この定善の一門は、韋提希夫人《いだいけぶにん》が釈尊にお願いして説いて戴いたものであり、［願往生］
散善の一行は、釈尊が自らお説きになったものである。［無量楽］

定善・散善それぞれ修して、ともに回向したならば、阿弥陀仏の浄土に往生出来る。［願往生］
すなわち、この定散二善は釈迦仏が韋提希夫人《いだいけぶにん》のために施された優れた教化《きょうけ》の方法であった。
［無量楽］

第二項　得益《とくやく》の不思議を嘆ずる

韋提希夫人《いだいけぶにん》はまさに女人《にょにん》である。［願往生］
貪欲《とんよく》や瞋恚《しんに》の煩悩にまみれた凡夫に過ぎない。［無量楽］
韋提希夫人は娑婆を厭《いと》うて、阿弥陀仏の浄土を求めたので、［願往生］
釈迦仏は極楽浄土の荘厳の世界を現し出して下さった。［無量楽］
韋提希夫人は極楽浄土を見ることができたので、心に歓喜《かんぎ》をおぼえ、［願往生］
さらには阿弥陀仏のお姿を拝見して無生法忍《むしょうぼうにん》を得たのである。［無量楽］
そこで、韋提希夫人に仕えていた五百人の侍女たちも、同じように釈迦仏に次のように申し上げた。［願往生］
「誓って、夫人と同じように安楽国に往生したいと願います」と。［無量楽］

その時、世尊は全員に次のような記別《きべつ》を与えられた。［願往生］
「皆も同じように往生することが出来て、般舟三昧《はんじゅざんまい》を証することができるであろう」と。［無量楽］
帝釈天《たいしゃくてん》や梵天《ぼんてん》、護世四天王《ごせしてんのう》など、諸天達もまた虚空の上で釈迦仏のこの教えを聴き、［願往生］
同じく浄土に往生したいとの願を発した。［無量楽］

第三項　唯《ただ》、念仏を付するを嘆ずる

全ての有縁《うえん》の者たちに「つねに念仏すべきである」と勧めたい。［願往生］
そうすれば、観音菩薩《かんのんぼさつ》や大勢至菩薩《だいせいしぼさつ》は、あなた方とともに同学となって下さる。［無量楽］
もし、心から念仏できる者は、人間の中でも最も優れた人間といえよう。［願往生］
願うならば、同朋《どうぼう》とともに、阿弥陀仏の浄土に生まれ得て、［無量楽］
永劫に阿弥陀仏のおそばで、悟りを証したい、と。［願往生］
浄土で得る事の出来る仏果は、遙か先の事ではない。［無量楽］

第三章　勧を結ぶ

第一節　頓教《とんぎょう》の勝益《しょうやく》

すべての浄土往生の行者たちにいいたい。凡夫は生死輪廻の世界を貪ってはならないことは分かっているものの、凡夫はその迷いの世界を厭《いと》おうとはしない。また阿弥陀仏の浄土を軽んじてはならないことが分かっているものの、凡夫は浄土への往生を願おうとはしない。厭うたならば娑婆を永く隔てることができるし、願ったならば、浄土に常に住することができる。娑婆から隔たってしまえば、六道に趣く業因《ごういん》が無くなり、迷いの世を輪廻する果報も自《おの》ずから滅してしまう。このように因果が絶え果ててしまえば、迷いの形も名すらも当然ながら無くなってしまう。

第二節　生死に際限《さいげん》なし

つらつら思うに、法友たちよ、よく自らを思量《しりょう》しなさい。我々が受生《じゅしょう》した遙か過去を思えば、それは無明《むみょう》と共に輪廻転生して来た。その無明は法性《ほっしょう》の対であるので、法性と同時に無明が成立したということになる。また受生すると同時に心識《しんしき》（こころ）があった。もし我々の無明の心が法性と同時でないというならば、一切衆生は原因なくして受生したことになる。もし無明の心が因なくして存在したというならば、木や石と同じようなものとなろう。もしその無明の心が木や石と同じであるならば、六道を輪廻する悪業の因などは存在しないことになる。もし因としての悪業がないならば、凡夫や聖者を分かつ苦楽の因果などもない。この道理をもって考えるならば、一切の衆生には必ず無明の心がある。もし無明の心があるならば、それは法性があって初めて無明となるので、法性と同時に存在したことになる。もし法性と同時に無明の心が存在したというならば、法性を極め尽くす事の出来る仏と仏とのみが、よく無明の根元を知ることが出来る。

行者たちよ、よく知るべきである。自らの身と心が法性と同時に成立しておりながら、我が身は今日に至るまで、悪を断じ、貪りを除くことが出来ないでいることを。よって、自身には無明より生じるあらゆる煩悩が大変に多いことを自覚しなければならない。

第三節　仏恩《ぶっとん》は窮《きわ》まり無し

また釈迦や諸仏は同じように行者に浄土往生を勧め、ただ阿弥陀仏を念じさせて下さり、極楽を想観させて下さり、今生《こんじょう》の命終える時には、安楽浄土へと往生させて下さり、無明を滅して下さる。これこそが、永い間求めてきた大きな利益《りやく》といえないだろうか。行者らはよくよくつとめて念仏を行じなさい。いつも自分に対しては罪を恥じる思いを持って、そして仏に対してはその恩に感謝しなければならないことを。分かっただろうか。

解説

（一）「己心《こしん》の浄土」と「西方《さいほう》の浄土」

『本讃』は具名を「依観経等明般舟三昧行道往生讃《えかんぎょうとうみょうはんじゅざんまいぎょうどうおうじょうさん》」という。この首題が示すように、「観経等の諸経典によって、般舟三昧を明かし行道する往生讃」であって、浄土を願生《がんしょう》し、阿弥陀仏や浄土の徳を讃嘆し、往生を願う別時《べつじ》の行法《ぎょうぼう》がここに説かれている。問題としたい点は「観経等」という「等」にある。この「等」は「向外等《こうげとう》」であって、どのような経典がこの「等」に含まれるかである。内容を精査すれば、ここには『阿弥陀経』を主として『大無量寿経』も加味されていると思われる。ところがそれ以上に『般舟三昧経』が大きなウエイトを占めていることが解る。表題の「般舟三昧」とは『般舟三昧経』に説かれる用語からの依用である。そうすればここで疑問が生じる。浄土三部経を所依として浄土を願生するのは納得出来るが、ここになぜ『般舟三昧経』を加えて願生浄土を修するのか。しかも「般舟三昧楽」という用語が『本讃』内に頻発するが、これと

『観経』とが如何に関連するのか、筆者にとって大変な疑問であった。なぜならば、この『般舟三昧経』は天台教学に取り入れられ、『摩訶止観《まかしかん》』の「四種三昧《ししゅざんまい》」中、「常行三昧《じょうぎょうざんまい》」として整理され、今日なお日本の比叡山においてこれが実修されているからである。『摩訶止観』には

二に常行三昧とは、先に方法、次に勤修《ごんじゅ》。方法とは、身に開遮《かいしゃ》、口に説黙《せつもく》、意に止観《しかん》なり。此の法、般舟三昧経に出でて翻して仏立《ぶつりゅう》となす。佛立に三義あり。一に仏の威力《いりき》。二に三昧力。三に行者の本功徳力なり。能く定の中に於いて十方現在仏、其の前に在《まし》して立ちたもう。明眼《みょうげん》の人の清夜《じょうや》に星を観《み》る如く、十方仏を見奉ること亦た是の如くに多し。故に名づけて仏立三昧となす。（大正四六・一二上）

とあって、「常行三昧」とは『般舟三昧経』に出る「仏立三昧」であるという。これを『経』に求めれば、『般舟三昧経』（一巻本）に

仏、跋陀和《ばつだわ》に告げたまはく、この行法を持てばすなはち三昧を得て、現在の諸仏ことごとく前にましまして立ちたまふ。

それ比丘《びく》・比丘尼《びくに》・優婆塞《うばそく》・優婆夷《うばい》ありて、如法に行じて、持戒完具し、独り一処にて西方の阿弥陀仏を止念せよ。

いま現にましします。所聞に随ひてまさに念ずべし。ここを去ること千十万億の仏刹《ぶっせつ》なり、その国を須摩提《すまだい》と名づく。

一心にこれを念ずること一日一夜、もしは七日七夜すべし。七日を過ぎをはりて後これを見たてまつらん。たとへば人の夢のうちに見るところのごとし。昼夜を知らず、また内外を知らず。冥《くら》きなかにあるを用いず。蔽礙《へいげ》するところあるがゆゑに見ずということ《(マヽ)》なし。

（大正一三・八九九上）

とある。ここを云ったものであろう。このように叡山の『般舟三昧経』の理解は「己心の弥陀」を見る見仏体験を目的とした実修経典であって、見仏はあくまでも「自己の心中の阿弥陀如来」であるとされる。一方、『観経』や『阿弥陀経』に説かれる如来は「西方浄土の主尊としての弥陀」で「己心の弥陀」と区別して考えられる。よってここから「西方己心」の相違を論ずる問要《もんよう》論題までもが設定されている（古宇田亮宣師編『和訳天台宗論議二百題』）。この問要には

円頓《えんどん》行者は、万法唯心《ばんぽうゆいしん》の旨に達するが故に、かの安養《あんにょう》の境《きょう》に託すと雖も、依正《えしょう》、同じく一心に居すと了す。故に、終日観仏、終日観心なり。なんぞ、単に西方の弥陀を念ずといわんや。故に観経のごとき、観仏をもって、題目とするに、疏に心観をもって宗となす。これ大乗の妙観を示すなり。

（四三八頁）

と記されている。「万法唯心の旨に達する」というのであるから「己心の弥陀」を観ずるということになる。しかも「これ大乗の妙観を示す」とまで論じている。

このような天台教学上の理解でもって『般舟讃』を拝読したとき、その矛盾に疑問を懐かざるを得ない。

善導大師はこの矛盾を如何に会通《えつう》して『般舟三昧経』を西方願生《がんしょう》の浄土三経典と同様に見たのであろうか。まず、これを究明したいと思う。

『本讃』の序分《じょぶん》で善導大師は「般舟三昧楽《はんじゅざんまいらく》とは、これなんの義ぞ」と自ら問いを発して、次の如くその意義を述べる。

答へていはく、梵語《ぼんご》には般舟と名づく、ここには翻《ほん》じて常行道《じょうぎょうどう》と名づく。あるいは七日、九十日、身行《ぎょう》じて無間《むけん》なり、総じては三業《さんごう》無間に名づく。ゆゑに般舟と名づく。また三昧といふは、またこれ西国《さいごく》の語、ここには翻じて名づけて定《じょう》となす。前の三業無間によりて、心至りて感ずるところすなはち仏境《ぶっきょう》現前す。まさしく境現ずる時すなはち身心内悦《ないえつ》す。ゆゑに名づけて楽となす。また立定見諸仏《りゅうじょうけんしょぶつ》と名づく、知るべし。

ここに善導大師の「般舟三昧」の解釈が伺える。

「般舟」とは梵語で、様々な意味があるが、その中から大師は「常行道」と解する。ただ、この用語そのものは『般舟三昧経』には見当たらない。四事品における「四事」の第三に「経行すること三月も休息《くそく》することを得ず。飯食《ぼんじき》・左《さ》・右《う》を除く」（大正一三・八九九下）を表現した意味と受け止められる。この「常行道」とは「身業《しんごう》」を語った用語であって『般舟讃』に「身、行じて無間なり」と表現されているのと相応できる。しかし『般舟讃』はこれに口業《くごう》と意業《いごう》を合わせて「三業無間」と表現している。この「常行道」を「総じては三業無間に名づく」というこれである。ところが『般舟三昧経』には、身業を中心的に論じられているものの、はっきりとして三業が整理なされた論述が見られないので、経典の字面からすれば善導大師の云う「三業無間」を素直に頷くことが出来ない。ところが、天台大師《てんだいだいし》の『摩訶止観』を見れば

九十日、身は常に行じて休息無く、九十日、口は常に阿弥陀仏名を唱えて休息無く、九十日、心は常に阿弥陀仏名を念じて休息無し（大正四六・一二中）

との有名な言葉がある。九十日休み無く身・口・意三業を阿弥陀如来一仏に専注するのが天台でいう「常行三昧」である。ここから考えれば善導大師の「三業無間」の意味がよく理解できる。この「身の開遮《かいしゃ》・口の説黙《せつもく》・意の止観《しかん》」の三業の規定こそ、天台大師によって『般舟三昧経』を整理された発揮の行法であるといえよう。よって善導大師の「三業無間」は、天台大師を意識しての用語のように感じる。

さて続く「三昧」とは「定」の意であるので、その「定」に入れば「仏境が現前する」と善導大師は説く。ただし、その仏境が「己心」か「西方」かの論述はなされていない。しかしその時「身心に内悦を覚える」という、これも当然のことであろう。そこを大師は「楽」と呼んで、「般舟三昧楽」の語をもって『本讃』に処々これを付している。やはり仏境現前という見仏《けんぶつ》が大師にとって第一の目的なのである。従って別名を「立定見諸仏」（定にとどまって諸仏を見る）と名付けるというのである。

『本讃』にはこれ以上「般舟三昧」に関する論述はなされていない。よってここを読む限りに於いて、まだ「己心の弥陀」の概念が抜けきらない。

善導大師の著作は「五部九巻」といわれ、古来これらを『本疏』と『具疏』とに区分し、『観経《かんぎょう》四帖疏《しじょうしょ》』を『本疏』、他の四部五巻を『具疏』と呼んでいる。この両疏は内容的には一具であって別々に解することが出来ないと見るのが、古来よりの受け止め方である。そうすれば「般舟三昧」の意味を『本疏』や他の『具疏』に求めねばならないことになる。

しかし肝心の『本疏』には「般舟三昧」の用語は一度も使われていない。しかし「三業無間」に相当する語が幾点か見当たる。まず「第七　華座観《けざかん》」である。「八に「七宝地上」より下「華想」に至るこのかたは、まさしく観の方便を教ふることを明かす」において日夜を問ふことなく、行・住・坐・臥に身口意業つねに定と合せよ。

（註釈版　七祖篇　四二七）

とある。「行住坐臥に身口意業つねに定と合せよ」と云うのであるから、これこそ「般舟三昧」を語った内容と認められるであろう。また「第八　像観《ぞうかん》」における問答中に

問ひていはく、つぶさに衆行《しゅぎょう》を修して、ただよく回向すればみな往生を得。なにをもつてか仏光あまねく照らすにただ念仏のもののみを摂する、なんの意かあるや。

（註釈版　七祖篇　四三六）

との問いに対する答えに「三義」を挙げる、その第一義の「親縁《しんえん》」に

一には親縁を明かす。衆生、行を起して口につねに仏を称すれば、仏すなはちこれを聞きたまふ。身につねに仏を礼敬《らいきょう》すれば、仏すなはちこれを見たまふ。心につねに仏を念ずれば、仏すなはちこれを知りたまふ。衆生仏を憶念《おくねん》すれば、仏もまた衆生を憶念したまふ。彼此の三業あひ捨離《しゃり》せず。ゆゑに親縁と名づく。

（註釈版　七祖篇　同上）

とある。ここには衆生と仏とを「彼此」として、彼此の三業相応を説き、「あひ捨離せず」と述べる。これも「つねに」というのであるから「三業無間」の内容と見て良いであろう。

また「見仏」に関しては、「第八　像観」で「法界《ほうかい》」を説く中「入衆生心想中《にゅうしゅじょうしんそうちゅう》」を釈して

「入衆生心想中」といふは、すなはち衆生念《ねん》を起して諸仏を見たてまつらんと願ずるによりて、仏すなはち無礙智《むげち》をもつて知り、すなはちよくかの想心のうちに入りて現じたまふ。ただもろもろの行者、もしは想念のうち、もしは夢定《むじょう》のうちに仏を見たてまつるは、すなはちこの義を成ずるなり。（註釈版　七祖篇　四三一）

と語る。阿弥陀仏の働きとして「衆生の心想の中に入りて現じたまいて、仏を見たてまつる」とする。ここでは衆生の心の働きではなく、仏の働きが強調されている。

あるいは、浄土の様子を都見《とけん》するのは総て仏力《ぶつりき》によるとする例も見出される。「第七　華座観」の「浄境《じょうきょう》を標す」（浄土の境界を観見する）において「仰ぎて聖力《しょうりき》のはるかに加するを憑《たの》めば、所観、みな見しむることを致す」とある。仏力によってこそ所観の浄土が観見できるという。ただこれだけでは無い。続いてこの作法《さほう》を論じるが、その表白文《ひょうびゃくもん》に、

「「弟子某甲等生盲《しょうもう》にして罪重く、障隔《しょうきゃく》処《ことわり》深し。願はくは仏の慈悲をもつて摂受護念《しょうじゅごねん》し、指授《しじゅ》し開悟せしめて、所観の境、願はくは成就することを得しめたまへ。いまたちまちに身命を捨て、仰ぎて弥陀に属す。見と不見と、みなこれ仏恩《ぶっとん》の力なり」と。

（註釈版　七祖篇四二六）

と白《びゃく》せよと指導する。ここの「所観の境＝浄土の様子」を観見出来るか出来ないかは総て阿弥陀如

来の仏恩の力に依るという。この「見と不見と、みなこれ仏恩の力なり」と表白せよと指示することは、行者にとって、総てを阿弥陀如来に委《ゆだ》ねよと教えている事になる。それがまた直前の「たちまちに身命《しんみょう》を捨て、仰ぎて弥陀に属す」ということでもあろう。

このように『本疏』の「見仏」や「浄境都見」の様子を垣間見れば、「般舟三昧」でありながら、行者中心の行法ではなく、阿弥陀如来の仏恩力を主とした「三業無間」の行法であるといえる。しかも『観経』を主体とした行道であるから、明らかに「西方の弥陀」の見仏を求めた修法として善導大師は「般舟三昧」を説いたと受け止めて良いであろう。

しかし、そこで三昧中に現出する「見仏」も、行者の心を無想にした己心の仏を見る見仏では無く、阿弥陀如来のはからいの下での見仏であるから、天台の「常行三昧」とは全く異なる内容である。ここに至って初めて、今まで懐いていた問題が氷解した感がする。善導大師は『観経』観に限らず、『般舟三昧経』観までも古今楷定《ここんかいじょう》されたと受け止めることが出来ないだろうか。

先ほどから『般舟讃』は『摩訶止観』を意識した論述ではないかと述べてきたが、『摩訶止観』にはこの「仏恩力」がどこにも説かれていない。行者の心の無想が強調されているのみである。たとえば「偈云。心者不知心。有心不見心。・・・」があるが、これを池田魯参師の『詳解　摩訶止観』の現代語訳では偈に、「心は心を知らない。心はあっても心を見ることはできない。心で想念を起すのは愚癡であり、想念がないのが涅槃である。諸仏は心によって解脱を得る。心に垢がなければ清浄と名づけ、五道は清浄となって色を受けることはない。このように解する者は大道を成就する」「これを仏の印と名づける」という。貪るところがなく、著するところがなく、求めるところがなく、想うところがなく、あらゆることが尽き、あらゆる欲が尽き、生ずるものがなく、滅するものがなく、壊れてなくなるものがない。これが仏道の肝要であり仏道の根本である。この印は二乗も壊すことができないものであり、まして悪魔などのいかんともしがたいものである。云々。

と訳されている。「想念がないのが涅槃である」という。同じ「般舟三昧経」からの依用であっても『般舟讃』との間にはかなりの解釈上の相違が見られる。

天台大師は五三八年から五九七年まで存命された方であり、善導大師（六一三―六八一）より七十五年ほど先輩に当たる。従って善導大師は天台大師の書物を十分知っておられたと見て良い。善導大師の「古今楷定」は一般に『観経』観の改定と解されているが、このような「般舟三昧」の理解の違いを考えた時、それまでの『般舟三昧経』観を善導大師は『観経』に基づいて新に改定されたと見ることが出来るのではないだろうか。要するに「般舟三昧」を、それまでの「己心の弥陀」観から、新たな善導大師独自の「西方の弥陀」観へと「楷定」された書であると見ることが出来るであろうとするのが筆者の思いである。

(二) 善導大師とは

善導大師は、隋《ずい》の煬帝《ようだい》、大業《たいぎょう》九年(六一三)に生をうけ、唐《とう》の高宗《こうそう》、永隆《えいりゅう》二年(六八一)に六十九歳にて遷化した中国浄土教の大成者である。生まれは、泗州《ししゅう》、(安徽省《あんきしょう》)と伝えられたり、あるいは臨淄《りんし》(山東省)とも言われる。『佛祖統紀《ぶっそとうき》』によると「貞観《じょうがん》十五年(六四一)大師二十九歳の頃、西河《せいが》に入って晩年の道綽禅師《どうしゃくぜんじ》(五六二〜六四五)を訪ね、九品道場にて『観無量寿経』の講説を聞いたと記されている。善導大師も早くから「観無量寿経」に着目し、念仏の行をつんでいたが、道綽禅師の講説を聞くにおよんで、浄土信仰を確かなものにしたといえよう。大師三十三歳の時、貞観十九年(六四五)に道綽禅師が往生されているので、師の教化《きょうけ》を受けたのは僅か四年程度である。師を亡くした大師は、その後、長安《ちょうあん》(陝西省《せんせいしょう》)に出て、終南山《しゅうなんざん》に入られたようである。その頃の状況を『続高僧伝《ぞくこうそうでん》』に「既入京師広行此化。写弥陀経数万巻。士女奉者其数無量。時在光明寺説法」(既に京に入りて、師、広く此の化を行ぜり。弥陀経を写すこと数万巻。士女、奉ずる者は其の数、無量なり。時に光明寺に在りて説法す）（大正五〇・六八四上）と道宣律師《どうせんりっし》は記している。これよりして大師は『阿弥陀経』の書写、並びに長安の光明寺における念仏の説法などを行いつつ、持戒持律《じかいじりつ》の生活を送っていたようである。ここから大師を一般に終南大師《しゅうなんだいし》と称したり、光明寺和尚《こうみょうじかしょう》などと呼称している。『阿弥陀経』の書写数万巻、あるいは浄土の変相《へんそう》を画くこと三百舗、また荒廃した寺塔を見てはこれを修復したとも伝えられる。

特筆すべきは六十歳の時、唐の高宗の勅願による洛陽龍門《らくようりゅうもん》（河南省《かなんしょう》）の石室の一つ、大盧舎那《だいるしゃな》像龕《ぞうがん》の造営に際しての検校僧《けんぎょうそう》としての活躍である。

龕の広さは十二丈、高さは百四十尺というから壮大なものである。この検校僧となるには多くの国民の支持がなければ到底勤まるものではない。

近年の龍門石窟《りゅうもんせっくつ》調査研究によると、これを証明する資料が新たに紹介されている。倉本尚徳氏の「善導の著作と龍門阿弥陀造像記『観経疏』十四行偈石刻の新発見」（印度学仏教学研究第六十三巻第二号平成二十七年三月）がそれで、善導浄土教の信奉者が龍門石窟の大盧舎那像龕以外の阿弥陀造像や浄土造像に関与したことを直接的に示す銘文を紹介し、善導大師の『観経疏』の内容と造像記の内容の比較検討によって、それをほぼ確実視している。そして数種の銘文を検討し

Aの銘文は、善導浄土教の盛行が西暦六五〇～六〇年代の龍門石窟における阿弥陀像の多さの

一因となっていることを直接示す事例であった。善導が龍門石窟の造像活動においてすでにかなりの影響力を発揮していたと考えられることも、盧舎那大仏の検校僧に選ばれた一因ではないだろうか。

と論じている。このように善導大師が検校僧になったことに関して森田眞円師は、大師の念仏教化の手法が認められたものであろうと推測する。即ち和上の『勧念法門窺義』（二七頁）には

その念仏教化の手法は、絵画（変相図）や音楽（浄土教の勤行規定）や書（弥陀経写経）などの多岐にわたる芸術的センスや建築知識（伽藍の修復）に基づいたものであった。おそらくこの検校任命は、大師の芸術的才能や建築知識などがかかわれてのことであったに違いない。

と述べている。この芸術的要素、特に浄土教の勤行《ごんぎょう》規定を多分に取り入れた著作が四部の具疏であり、その一つが『般舟讃』である。

(三) 大師の著作

善導大師の著作は古来より「五部九巻」と言われる。そして従来、浄土の教義を明らかにする解《げ》義分《ぎぶん》と、実践・行儀作法を明らかにする行義分《ぎょうぎぶん》とに分けられ、『観無量寿仏経疏』四巻を解義分と

してこれを『本疏』と呼び、他の四部を実践の行義分として『具疏』と称している。『具疏』には『観念法門《かんねんぼうもん》』一巻・『法事讃《ほうじさん》』二巻・『往生礼讃《おうじょうらいさん》』一巻・『般舟讃』一巻の四部五巻があって、『本疏』に必具し、『本疏』と内容的に一具であるべき疏との意味からそのように称されたという。もちろんこの分類は良忠《りょうちゅう》師に始まると見られており、この概念に執らわれない研究が求められるというが、未だにその研究方法は確立されていない。よって本書においても五部九巻一具の見方にて論を進めたいと思う。

問題はこれら五部の著作の撰述年代であり、またどのような順序で撰述されたかであるが、これには様々な見解が提示されており、未だに定説はない。撰述時期については長安在住時代を想定するのが一般的な見方であり、一応、三十歳過ぎから六十歳前後までと見られている。また撰述前後の問題についても『本疏』が先か、それとも『具疏』が先かの問題に始まり、五部様々な意見が出されている。近年の研究によると、無韻の詩体（偈）の『般舟讃』が初期の頃の撰述であろうという、新たな音韻学の上からの研究がなされていて興味深い。（中国浄土教儀礼の研究—善導と法昭の讃偈の律動を中心として—齋藤隆信著一七〇頁）なお、これら撰述前後の問題については、今日までの研究を整理した論文に、上野成寛氏の「善導著述前後の一考察」（真宗研究会紀要三三号（龍谷大学大学院真宗研究会二〇〇一年三月刊）がある。

さて、五部九巻一具の観点から本論を進める以上、『般舟讃』を講読する上でも、総てに関して最初に概観しておく必要がある。よって『般舟讃』との関係を視野に置きながら五部九巻を略説したい。

(1)『本疏』

『観無量寿経疏』または『観無量寿仏経疏』が具名であり、略して『観経疏』もしくは『観経四帖疏』と呼んでいる。これはその構成が『観経玄義分』・『観経序分義』・『観経正宗分定善義』・『観経正宗分散善義』の四巻(帖)から成立しているからの名称であり、単に『四帖疏』とも呼ばれる。これらは表題からも分かる通り、いずれも『観無量寿経』に対する註釈書で、善導教学の『観経』に対する根本的な立場が、体系的に、そして註釈的に詳述されている。

中でも特に注目しなければならないのは「古今楷定」であろう。「楷」とは「模楷《もかい》」・「定軌《じょうき》」の意味で手本、基準などの事、「定」は「決定」の意である。よって『観経』の解釈の手本を定め、古今の聖道の諸師方の誤った解釈を正して仏の正意を論定するということである。

大師以前には『観経』に対する様々な解釈が為されていた。その筆頭が地論宗《じろんしゅう》における浄影寺《じょうようじ》の慧遠《えおん》師(五二三〜五九二)の『観無量寿経義疏』二巻であろう。他に三論宗《さんろんしゅう》における嘉祥寺《かじょうじ》の吉蔵《きちぞう》師(五四九〜六二三)の『観無量寿経義疏』一巻などもある。大師はこれらの解釈は『観経』

の真意を顕わしていないと主張し、これらの註釈をしりぞけて、今回新たに経の真意を開顕するとしたのが「古今楷定」である。

『散善義』の最後に「今この観経の要義を出して、古今を楷定せんと欲す」とあるのがそれで、大師までの『観経』についての誤った解釈を廃し、真意の開顕につとめたことを表明したのである。よってこの疏を「古今楷定之疏」あるいは単に「楷定之疏」とも呼んでいる。

しかし筆者はこれほどまで、強力に主張できる善導大師の心底には「三昧発得《ほっとく》」の宗教体験があったからだと考える。そこを『本疏』の最後に感激を以て論述しているのが印象的に感じられる。いま「古今楷定」に続く文を掲げたい。

もし三世の諸仏・釈迦仏・阿弥陀仏等の大悲の願意に称《かな》はば、願はくは夢のうちにおいて、上の所願のごとき一切の境界《きょうがい》の諸相を見ることを得しめたまへ。仏像の前において願を結しをはりて、日別に『阿弥陀経』を誦すること三遍、阿弥陀仏を念ずること三万遍、心を至して発《ほっ》願《がん》す。すなはち当夜において西方の空中に、上のごとき諸相の境界ことごとくみな顕現するを見る。

とある。大師は極楽の様相を目の当たりにしたのである。そこを

雑色《ぞうしき》の宝山百重千重なり。種々の光明《こうみょう》、下、地を照らすに、地、金色《こんじき》のごとし。なかに諸

仏・菩薩ましまして、あるいは坐し、あるいは立し、あるいは語し、あるいは黙す。あるいは身手を動じ、あるいは住して動ぜざるものあり。すでにこの相を見て、合掌して立ちて観ず。

と記している。さぞ極楽を観見して感激したことであったろう。よって

ややや久しくしてすなはち覚めぬ。覚めをはりて欣喜《ごんき》に勝《た》へず。すなはち〔この観経の〕義門を条録す。

（註釈版・七祖篇・五〇二―五〇三）

とその感慨を述べている。しかも最後には

この義すでに証を請ひて定めをはりぬ。一句一字加減すべからず。写さんと欲するものは、もつぱら経法のごとくすべし、知るべし。

とまで記して、『本疏』を「経典」と同じに扱うべしとまで言っている。ここに三昧発得に依る『本疏』の重要性を見る思いがする。

ところで、この大師が観見された浄土の様相そのものを論述したのが『般舟讃』であろう。『本讃』には浄土の様相そのものの描写が多い。それは『観経』『阿弥陀経』の経文に依っているのは当然であるが、それ以外の論述も在り、この跋文《ばつぶん》を読むことによって、善導大師の体験を通しての浄土讃歎の書であると窺える。我々もそれを基本に据えて拝読したいと思う。

加えてもう一点、『本疏』と『般舟讃』との係わりを論じておきたい。それは「頓教・菩提（薩）

蔵」の考え方であろう。『般舟讃』に

『観経』・『弥陀経』等の説は［願往生］

すなはちこれ頓教・菩提蔵なり［無量楽］

一日七日もつぱら仏を称すれば［願往生］

命断えて須臾《しゅゆ》に安楽に生ず［無量楽］

一たび弥陀涅槃国に入りぬれば［願往生］

すなはち不退を得て無生《むしょう》を証す［無量楽］

として、『観経』の教説を「頓教・菩提蔵」と認める。ここを『本疏』では

われら愚痴の身、曠劫よりこのかた流転《るてん》して、いま釈迦仏の末法《まっぽう》の遺跡《ゆいしゃく》たる弥陀の本誓願、極楽の要門に逢へり。定散等しく回向して、すみやかに無生の身を証せん。われ菩薩蔵・頓教、一乗海によりて、偈を説きて三宝に帰して、仏心と相応せん。十方恒沙の仏、六通をもつてわれを照知したまへ。（註釈版　七祖篇　二九八）

と述べて、善導大師の主張の核心をこの言葉で論じようとしているのが分かる。もちろん「菩薩蔵」か「菩提蔵」かの違いがあるが、同内容を言っていることは想像に難くないし、親鸞聖人もこの両文を引用されていることを考えると、聖人もこの一文にこそ大師の思いが込められていると見

られたのであろう。やはり『般舟讃』の思想的根拠を『本疏』に求めなければその内容を窺い知ることが出来ない証左である。

（2）具　疏

①観念法門

一般に「観念法門」と略称されるが、表題には「観念阿弥陀仏相海三昧功徳法門　一巻」とあり、尾題には「観念阿弥陀仏相海三昧功徳法門経」として「経」の一字が付加されている。このような例は『般舟讃』でも指摘されている。

また本書には異なった内容の二部が、誤って合冊されたものとの見方もなされている。それは本文、中ほどに『依経明五種増上縁義　一巻』との題が挙げられており、そこには他の部分の内容とは若干異なった「五種増上縁《ごしゅぞうじょうえん》」が論じられている。しかもその文の終りには「五種増上縁義、竟《おわ》んぬ」とまで結びの語が記されているので、これは別の一著と見なされるという意見が出されている。よって今日の『観念法門』一巻は、内容を異にする『五種増上縁義　一巻』と、たまたま一緒に綴じられたと見る事が出来るという。もしそうだとすれば、善導大師の著作は総てで「六部十巻」となる。（『支那浄土教理史』望月信亨氏）。

なお、本書は具疏と呼びながらも、実践の行義分的性格のみの内容ではない。どちらかと言えば『本疏』と同じように教義理論を中心とする書物である。よって古来から、「行門中の教門」と称せられている。これは『本疏』の教義理論に基づきながら、念仏と観仏の二つの三昧の具体的な実践を説いてはいるが、その教義理論を表す面の方が強いところから言われた呼び名である。

内容的には三段から構成される。第一段は三昧行相分《さんまいぎょうそうぶん》で、第二段は五縁功徳分《ごえんくどくぶん》、第三段は結勧《けちかん》修行分《しゅぎょうぶん》である。この内、第二段が上述の他書と見なされる部分になるが、今は一応合わせて一著と見ておきたい。

この中、特に『般舟讃』と密接にかかわるところは『般舟三昧経』の引用である。しかも『般舟讃』に比べて、長文な引用が見られるので、『般舟讃』では窺い知ることの出来ない大師の『般舟三昧経』観が察知出来る。この『般舟三昧経』は『般舟讃』の讃名の由来にかかるので、特に注意が必要である。本経典は阿弥陀仏の見仏を説くが、その見仏に関して、『勧念法門』の「五種増上縁」中「見仏三昧増上縁《けんぶつざんまいぞうじょうえん》」の段に

『般舟三昧経』（意）に説きてのたまふがごとし。「一には大誓願力《だいせいがんりき》をもつて念を加したまふがゆゑに見仏することを得。二には三昧定力《さんまいじょうりき》をもつて念を加したまふがゆゑに見仏することを得。三には本功徳力《ほんくどくりき》をもつて念を加したまふがゆゑに見仏することを得」と。以下の見仏縁の

なかも、この義に例同す。ゆゑに見仏三昧増上縁と名づく。（註釈版・七祖篇　六二六）

の三つの力によって見仏が可能である事を強調する。善導大師におけるこの「三力」の解釈も傾注しなければならないが、阿弥陀仏を見仏した中において、阿弥陀仏が報《こた》えられる内容を「三昧《さんまい》行《ぎょう》相分《そうぶん》」に引用しているのが注目される。すなわち

仏のたまはく、〈四衆《ししゅ》この間の国土において阿弥陀仏を念ぜよ。もつぱら念ずるがゆゑにこれを見たてまつることを得。すなはち問へ。《いかなる法を持ちてか　この国に生ずることを得る》と。阿弥陀仏報《こた》へてのたまはく、《来生《らいしょう》せんと欲せば、まさにわが名を念ずべし。休息《くそく》することあることなくは、すなはち来生することを得ん》と。（註釈版・七祖篇　六一一）

として「まさにわが名を念ずべし（当念我名）」の一巻本を引用する。この引文は『般舟讃』にはなされていない。「般舟三昧」を考える上での資料と思われる。

②法事讃

この書は上下二巻からなっている。上巻の首題は「転経行道願往生浄土法事讃　巻上」とあり、

巻上の尾題には「西方浄土法事讃　巻上」とある。また下巻には首尾共に「安楽行道転経願生浄土法事讃　巻下」との題である。他の具疏と同じように幾種類の題号を有している。

題号にある「転経」とは、経典を転詠《てんよう》することで、阿弥陀経の経文に節をつけて読誦讃嘆することをいう。また「行道」とは仏の周囲を繞《にょう》道《どう》することで、阿弥陀仏の周囲を三匝《そう》または七匝する行法が示されている。すなわち仏徳を讃える法事の讃文であるので「浄土を願生する為の行法として、行道しつつ『阿弥陀経』に節を付けて転詠し讃歎することによる、一日一夜の臨時行法の儀則」が本書であるといえよう。

構成は、前行法分《ぜんぎょうほうぶん》、転経分《てんぎょうぶん》、後行法分《ごぎょうほうぶん》の三段から成っている第一段の「前行法分」は上巻全体に渉っており、第二段転行分の準備で『阿弥陀経』読誦に先立つ行法である。その内容はさらに①請護《しょうご》会《え》衆《しゅ》・②法事大綱　③略請三宝・④広請三宝・⑤前行道・⑥前懺悔《さんげ》の六項に分かれて説かれている。全体に渉って「実践の行義分」としての性格が発揮されているが、その一例として②法事大綱に

もし召請《しょうしょう》せんと欲する人および和讃のものはことごとく立し、大衆は坐せしめて、一人をして先づ焼香・散華を須ゐ、周匝一遍《しゅうそういっぺん》せしめをはりて、しかして後法によりて声をなして召請していへ。

（註釈版　七祖篇　五〇九）

との作法が述べられ、続いて「讃偈《さんげ》」に入る。この讃偈唱和の形式が『般舟讃』と全く同じで、「般舟三昧楽」から始まり、一句づつ終わりに「願往生」（奇数句）と「無量楽」（偶数句）が交互に間の手として入る。要するに

般舟三昧楽［願往生］

大衆心《だいしゅしん》を同じくして三界を厭《いと》へ［無量楽］

般舟三昧楽［願往生］

三塗《さんず》永く絶えて願はくは名すらなからん［無量楽］

三界は火宅にして居止しがたし［願往生］

（註釈版　七祖篇　五〇九―五一〇）

である。『般舟讃』には上述の作法としての行儀の説示はないので、『般舟讃』も同じように実践されたのであろうことが想像できる貴重な関連性である。

続く第二段の転行分が本論の中心であって、『阿弥陀経』全文を十七段に分け、その経文を挟みながら、各段に讃文を付して、高坐の導師と下坐の大衆とが相い応じて転経し讃嘆する法式が説かれている。ただ儀式だけではなく、ここに善導大師の『阿弥陀経』観が示されているのには、注目しなければならない。

第三段の後行法分には①懺悔・②行道　③讃歎呪願《さんだんじゅがん》・④七唱礼《しちしょうらい》・⑤随意の順にてこの別時法会《ほうえ》

の読誦後の儀規が示されている。

③往生礼讃

首題も尾題も共に『往生礼讃偈　一巻』としているが、巻頭に「勧一切衆生願生西方極楽世界阿弥陀仏国六時礼讃偈」とあってこれが具名となっている。すなわち「一切衆生を勧めて、西方極楽世界の阿弥陀仏国に生ぜんと願ぜしむ六時礼讃《ろくじらいさん》の偈」である。一般に『六時礼讃』、あるいは単に『礼讃』と略称されている。

内容は、前序、正明段《しょうみょうだん》、後述、の三段構成である。

第一の前序では、『観経』三心による安心を、そして天親菩薩の五念門《ごねんもん》による起行を、最後には恭敬修《くぎょうしゅ》・無余修・無間修・長時修の四修をもって作業《さごう》としている。特にこの後に『文殊般若経』（文殊師利所伝説摩訶般若波羅蜜経　巻下）の一行三昧が引用され「見仏」が論じられているのに注目したい。

また『文殊般若』（意）にのたまふがごとし。「一行三昧を明かさば、ただ独り空閑に処してもろもろの乱意を捨て、心を一仏に係けて相貌を観ぜず、もつぱら名字を称することを勧む。すなはち念のうちにおいて、かの阿弥陀仏および一切の仏等を見たてまつることを得」と。

（註釈版　七祖篇　六五七―六五八）

この「一行三昧」は天台教学に取り入れられて「常坐三昧《じょうざざんまい》」として整理され、「般舟三昧」は同じく「常行三昧」として確立されている。「四種三昧《ししゅざんまい》」の中の二種である。しかもこれらは共に「見仏」を目的とした修行方法であるので、「般舟三昧」との係わりにおいて注目しておきたい。次いで衆生の専修雑修の得失が論じられ、称名念仏一行の専修を勧めている。このように、前序は善導大師教学を理解する上において重要な内容を含んでいる。

第二の正明段が本讃の中心部分であり、ここに六時礼讃文が説かれている。それは、第一に「日没讃《にちもつさん》」。これは『大経』によって十二光仏を礼讃する十九拝。第二には「初夜讃」。これは同じく『大経』の要文を採集しての礼讃で二十四拝。そして第三は「中夜讃」。今度は龍樹《りゅうじゅ》菩薩の『十二礼《じゅうにらい》』による礼讃で十六拝。第四には「後夜讃」。天親菩薩の『浄土論』による礼讃で二十拝。第五には「晨朝讃《じんぢょうさん》」。彦琮《げんそう》の『願往生礼讃偈』による礼讃で、これも二十一拝。そして最後の第六に「日中讃」。善導大師の『願往生礼讃』の偈であるが、これの内容は『観経』の十六観による礼讃での二十拝である。

この中、第六の『観経』十六観による礼讃の二十拝の内容が『般舟讃』と大いに類同しているのが注目される。

第三の後序では「阿弥陀仏を称念し礼観して、現世になんの功徳利益かある」との問いを発し、『十往生経《じゅうおうじょうきょう》』・『観経』・『大経』・『小経』を引用して、それぞれの勝益《しょうやく》を示している。そして「願はくはもろもろの行者、おのおのすべからく心を至して往くことを求むべし」、あるいは「いますでにこの増上の誓願の憑《たの》むべきあり。もろもろの仏子等、なんぞ意を励まし去《い》かざらんや」と総ての衆生に往生を勧めて文を閉じている。

④般舟讃

いよいよ本題の『般舟讃』である。この一巻も首題に「依観経等明般舟三昧行道往生讃」とあり、また尾題には「般舟三昧行道往生讃」とあって題名が異なっている。本講読本は尾題を採用してタイトルとした。『般舟讃』という略称は日本に入ってからの呼称のようであって、中国の典籍中には引用を含めて、この名称は見られない。

内容構成に関しては現代語文を参照して戴ければ良いので、ここでは文献上の問題に絞って論じておきたい。『本讃』の流伝と底本に関してはこれを講読する上からは欠かすことの出来ない問題である。

〈(i)『本讃』の流伝と底本の問題〉

高瀬承厳師や藤原猶雪師、それに石田茂作博士や井上光貞博士等多くの研究者によって、善導大師五部九巻の日本への流伝研究が進展し、奈良時代、すでに正倉院文書《しょうそういんもんじょ》の中に『観念法門』をのぞく善導大師の四部の著述の名が見えており、それが道昭法師《どうしょうほっし》（六二九—七〇〇）によって日本に将来されたことが指摘されて来た。これに間違いなしとするならば、道昭師は白雉《はくち》四年（六五三）に入唐し、玄奘三蔵《げんじょうさんぞう》に教えを受け、帰国したのが斉明《さいめい》七年（六六一）五月であるから、善導大師（六一三—六八一）在命中に本書は、すでに我国に伝来していたことになる。ここから善導大師はこれら三部の著述を六六一年以前にすでに撰述していたことになり、『本疏』『具疏』撰述時期にも関連する問題に一石を投じることになっている。これらの諸事情に関しては中井真孝氏の「経疏目録類より見たる善導著述の流布状況」（『善導大師研究』所収　昭和五十五年三月刊・山喜房仏書林三六七—三九二頁）に詳しく紹介されている。

ところで、奈良時代以降に本書の名前が再び現れるのは、平安時代、円行《えんぎょう》師（七九九—八五二）の将来目録である。承和六年（八三九）に帰朝した円行師の『霊巌寺和尚請来法門道具等目録』（大日本仏教全書第二・仏教書籍目録第二　所収）によると、『依観経等明般舟三昧行道往生讃一巻　善導法師撰』との記載が認められる。霊巌寺は京都府下に存在した寺院であるので、地理的に考えて比叡山にもこの書が移入せられたであろうと思われる。しかし、叡山上に浄土教が興隆した頃には本書の存在が確認されていないようである。なぜならば叡山浄土教の念仏興行時代を築いた源信《げんしん》和尚《かしょう》（九四二―一〇一七）すら、その主著『往生要集《おうじょうようしゅう》』三巻（九八四―九八五撰述）に本書の引用をしていないからである。『往生要集』の引用典籍は膨大で、直接・間接の両引文を合わせると実に九五二文にも及ぶという。（花山信勝博士・原本校注・漢和対照『往生要集』）。この書に引用されていないことは源信和尚の手中範囲に本書が存在していなかったと考えて良いであろう。そして特に注目すべきは法然聖人《ほうねんしょうにん》である。聖人も本書の存在を知りながら、それを見ておられなかったのである。

それは法然聖人門下の静遍師編纂による『続選択文義要鈔』一巻（仏教古典叢書第四所収）には次のような一文が認められるからである。

粤《ここ》に善導の秘釈一巻あり。号して依観経等明般舟三昧行道往生讃という。此の秘書は霊巖円行和尚請来録内に古今の先徳の名を載せたりと雖も文を隔つ。就中、源公（法然）、稽古博達にして、諸宗の章疏、浄土文籍、広く三朝に渉たって縁通せずということなし。未だに披閲せざるは今、此の一巻なり。仍ち同法に命じて遠く宋朝を訪らふ。得ずして空《むな》しく帰り、恨を遺《のこ》して滅を唱う。今、釈の心円（静遍）、建保《けんぽう》五歳、或る貴所より図らずも之を伝う。

この文を拝読すれば、法然聖人は中国にまで法友をして探し求めさせた本書であるにもかかわらず、それを得ることが出来ず、「恨を遺して入滅せられた」というのであるから、さぞ残念なことであったろう。それほど探し求めて発見されなかった本書が、どうしたことか、禅林寺《ぜんりんじ》の心円《しんえん》（静遍）師によって建保五（一二一七）年に日本の貴所から発見されたのである。それはまさしく円行師ゆかりの将来本であったという。その貴所とは仁和寺《にんなじ》の「宝（法）金剛院」の一切経蔵とされ、法然聖人示寂から五年を経た年であった。ところで親鸞聖人はどうかといえば、稲田に草庵を結ばれたのが建保二年（一二一四）であったので、丁度、関東教化中に当たる時期ということになる。今日まで聖人手沢本《しゅたくぼん》とされていた専修寺《せんじゅじ》蔵刊本の「五部九巻」に疑義が提示されているので、本書を手にされたのが刊本か、それとも写本かはわからないが、『教行信証』にはこの書の引用が十数点も見られる。師法然聖人も閲覧されていない書を感激を以て拝されたことであろう。

これより先、幸西《こうさい》師門弟の明信《みょうしん》師は、善導大師著作の他書、四部八巻をすでに開版していた。そこで新たに発見された本書の開版を志したが、流布本の内容に誤脱が多いので、御室仁和寺の根本書と校合するなどしたが不審が解けず、明信師は開版を待つことなく示寂したという。そこで明信師との遺約によって翌年の貞永《じょうえい》元（一二三二）年、同門の入真《にっしん》師が本書を開版したとする刊記が大谷大学所蔵本に伝えられている。これらの事情に関しては高橋正隆先生の「善導大師遺文の書誌的研究」（『善導大師研究』所収）に詳しい。

ただ、この大谷大学所蔵刊本（鎌倉時代）が『浄土真宗聖典　七祖篇　原典版』の校異に甲本として挙げられている。よって巻尾にその刊記が全文載せられているので我々はそれにて内容を知ることができる。そうすれば、注意したい一文が見当たった。

流伝本に多く不審あり。因って茲に流行して第六年に当たる（貞応壬午四月下旬）直に書写せんが為に根本を請い奉る。（即ち是れ円行将来の正本なり。請出の由縁の記、新写の奥にあり）根本の文に於いて不審の由し在り。復た証本なし。校合すること能わず。空しく歳月を積むも勘定なし。　（一五一〇頁）

である。要するに、当時にとっての大発見であったから皆がこぞって伝写したのであろう。その流伝された『般舟讃』には不審な点が多かったという。そこで、発見されてから六年目に、明信師が仁和寺に所蔵されている円行師将来の正本と校合したというのである。ところがこの根本の書と称する『仁和寺本』にもなお不審な点が残ったという。たぶん意味が通じない箇所が多くあったのであろう。流布本は『仁和寺本』を祖本とする伝写であるので、他に証本もなく、校合することが出来ずに歳月は空しく流れて勘定の期が無かった……

との意味であろう。そこで明信師は意を決して両三人の同志と語らい版印本を編集しようとしたと続いている。

このような開版の縁起を見ると、当初からかなり意味不通な箇所が多かったと推測できる。今回、本書を講読する上で諸資料を参考したが、「一本に曰く」とか「他本に云く」として、異なった「伝写」が指摘されていた。解釈上、大いに迷った事はいなめない。また近年、新たに鎌倉時代の書写本の断簡《だんかん》が大阪河内《かわち》の金剛寺《こんごうじ》から発見されている。（金剛寺蔵鎌倉写『般舟讃』について　南宏信氏　印佛研究五五巻一号　平成一八年一二月）僅か一丁の裏表であるが、他本の総てに「慊《けん》恨《こん》」とあるものの、ここには「悔恨」と書写されているという。そこで、現存する諸本とは異なる系統ではないかとみられるという報告が為されている。このような流伝上の問題を前提として本文を読み進めていかねばならないであろう。

ところで、今日、入真師が開版した初刷本は確認されていないが、上述の高橋先生の調査によると、後世に再三模刻されたようである。また刊記が無いものの伝世の事情の明らかな刊本も大きな意味を持つとされる。その一本が、辻善之助博士によって、親鸞聖人加点本と称された高田専修寺所蔵の『五部九巻』である（辻善之助博士著『親鸞聖人筆跡の研究』大正九年刊）。この『般舟讃』は新たに出版された『浄土真宗聖典全書一　三経七祖篇』に底本として収録されているので、本講読本は、これを使用した。

〈(ii) 高田本『般舟讃』〉

高田本『般舟讃』に関して、専修寺に閲覧を請うたが、目下修理中とのことで拝見することがかなわなかった。そこで、近年出版された新光晴師の「版本『般舟讃』(重文専修寺聖教　通番号第一〇)について」(教學院紀要十九　真宗高田派教学院編二〇一一年)に詳細に報告されているので、今それによって高田本の概略を紹介したい。

専修寺には、鎌倉時代の版本と伝える『般舟讃』が二部現存するという。いずれも無刊記本であるので、それらを通番号「九」と「十」でもって区分している。聖人加点本と称されてきたのは『五部九巻』の中の『本讃』で、藍紙《らんし》表紙本であるので、これを通番号「九」で「藍」と称している。また他本は後世に専修寺に施入された一本であるが、丁字引《ちょうじび》き表紙本であるので、通番号「十」で「丁」としている。これらはいずれも平成二十年三月に専修寺聖教八十二点として重要文化財に指定されたと云う。

ところで、新師は通番号「九の藍」と「十の丁」を詳細に対校し、二十三箇所もの相違点を列挙している。加えて、聖人の『教行信証』の十一箇所の引文と「九の藍」と「十の丁」との対校も行っている。そうすれば、五部九巻の外題が聖人筆跡と考えられていたにもかかわらず、通番号「九の藍」には『教行信證』の読み方が反映されていない事が解ったというのである。

よって新師は通番号「九の藍」に対して、これを親鸞聖人の加点本と認めるのに疑義を提示し「聖人の自筆本であるという認識でいいのだろうかという疑問が生じてくる」と主張している。今後の研究を待ちたいと思う。

著者紹介

淺田恵真（あさだ　えしん）俗名、正博（まさひろ）

生年月日：昭和20年10月25日。大阪府出生。

経　歴：龍谷大学大学院博士課程仏教学専攻満期退学の後、叡山学院講師・龍谷大学講師・助教授・教授。京都橘大学講師・京都精華大学講師・大倉精神文化研究所研究員・相愛大学講師・龍谷大学短期大学部長・宗教部長・仏教文化研究所長を歴任。平成二十六年三月末にて龍谷大学文学部教授を定年退職。

現在　龍谷大学名誉教授・龍谷大学世界仏教文化研究センターフェロー・前本願寺派安居綜理・本願寺派宗学院講師・中央仏教学院講師・行信教校講師・本願寺派勧学寮員・博士（文学）・大阪教区天野南組因念寺住職。

編著書：『往生要集講述』（永田文昌堂）『末法灯明記講読』（永田文昌堂）・『天台四教儀講述』（安居講本）・『戒律を知るための小辞典』（淺田正博編　永田文昌堂）・『仏教から見た修験の世界』（国書刊行会）『宿縁を慶ぶ』（百華苑）・『他力への道』（百華苑）・『生かされる命を見つめて』（永田文昌堂）・『私の歩んだ仏の道』（本願寺出版部）・『生かされて生きる』（探求社）・『般舟三昧行道往生讃』講読（永田文昌堂）ほか

『般舟讃』現代語訳

平成二十九（二〇一七）年三月十日　印刷

平成二十九（二〇一七）年三月二十日　発行

著　者　淺　田　恵　真

発行者　永　田　　悟

印刷所　㈱図書印刷　同　朋　舎

製本所　㈱吉　田　三　誠　堂

発行所　永　田　文　昌　堂

600-8342　京都市下京区花屋町通西洞院西入

電　話（〇七五）三七一－六六五一番

ＦＡＸ（〇七五）三五一－九〇三一番

ISBN978-4-8162-6235-7 C1015